Da Coletânea Risale-i Nur

A Ressurreição e a Outra Vida

Imortalidade do Espírito

Autor
Bediuzzaman Said Nursi

Nursi, Said

Titulo : A Ressurreição e a Outra Vida e a Imortalidade do Espírito

Autor : Said Nursi

Do original turco : Haşir Risalesi ve Beka-i Ruh (29. Söz)

Tradução : Samir El Hayek

Contato :

Web : www.brasilnur.org

E-mail : brasilnur @gmail.com

Tel : (5511) 2615-9736

 Publicado por;

RNK NEŞRİYAT PAZARLAMA SAN.TİC. A.Ş.

Mehmet Nesih Özmen Mah. Zafer Cad. No: 3 Kat: 3

Necmettin Aksoy İş Merkezi – Merter

Güngören, İstanbul – Türkiye

Tel: 90 212 512 10 06

Fax: 90 212 512 10 08

www.rnk.com.tr

Impresso em São Paulo- Março-2017

ISBN 978-85-88003-37-8

ÍNDICE

TERMINOLOGIA

- Allah *(Deus)
- Islam** (Islã)
- Mohammad *** (Maomé, o Profeta de Allah e do Islam)
- Bismillah (Em Nome de Allah)
- Subhanallah (Glorificado seja Allah)
- Alhamdu Lillah (Louvado seja Allah)
- Allahu Akbar (Allah é o Maior)
- Salat (As orações prescritas cinco vezes por dia)

---

* Utilizamos a palavra **Allah**, em vez de *Deus*, por designar o nome do Criador e somente utilizada como Seu nome, uma vez que a palavra em árabe e no Islam não tem gênero ou número, como as palavras traduzidas nos outros idiomas possuem.

** Utilizamos a palavra **Islam** em vez de *Islã*, utilizada no Brasil, ou *Islão*, utilizada em Portugal, por ser o nome próprio da religião islâmica e não deve ser mudado.

*** Utilizamos o nome correto do Profeta do Islam, **Mohammad**, sem usar a corruptela utilizada na língua portuguêsa, *Maomé* ou *Mahoma*, utilizadas também em Portugal.

A Décima Palavra

A Ressurreição e a Outra Vida

[As razões para a minha escrita desses tratados na forma de metáforas, comparações e histórias são para facilitar a compreensão e mostrar como são racionais, adequadas, bem fundamentadas e coerentes as verdades do Islam. O significado das histórias está contido nas verdades que os celebram, cada história é como uma alusão apontando para a sua verdade conclusiva. Portanto, eles não são meros contos fictícios, mas verdadeiras verdades.]

بِسْمِ اللّٰهِ الرَّحْمٰنِ الرَّحِيمِ

﴿فَانْظُرْ اِلٰى اٰثَارِ رَحْمَتِ اللّٰهِ كَيْفَ يُحْيِي الْاَرْضَ بَعْدَ مَوْتِهَا اِنَّ ذٰلِكَ
لَمُحْيِي الْمَوْتٰى وَهُوَ عَلٰى كُلِّ شَيْءٍ قَدِيرٌ﴾[1]

Irmão, se você deseja uma discussão sobre a ressurreição e vida após a morte, em linguagem simples e comum, em um estilo simples, então, ouça a seguinte comparação, juntamente com a minha própria alma.

Uma vez que dois homens estavam viajando por uma terra tão bonita como o Paraíso (por aquela terra, intencionamos o mundo). Olhando ao redor, eles viram que todo mundo tinha deixado aberta a porta de sua casa e sua loja e não estavam prestando atenção para guardá-las. O dinheiro e os bens estavam de fácil acesso, sem ninguém para reivindicá-los. Um dos dois viajantes agarrou tudo o que ele imaginava, roubando e usurpando-os. Seguindo suas inclinações, ele cometeu todo tipo de injustiça e abominação. Nenhuma das pessoas daquela terra se moveu para detê-lo. Mas o seu amigo disse-lhe:

"O que você está fazendo? Você será punido, e eu serei arrastado para o infortúnio junto com você. Toda esta propriedade pertence ao Estado. As pessoas desta terra, incluindo até mesmo as crianças, são todos soldados ou funcionários do governo. E porque eles são atualmente civis não estão interferindo com você. Mas as leis aqui são rigorosas. O rei instalou telefones em todos os lugares e seus agentes estão em toda parte. Vá depressa, e tente resolver a questão."

Mas o homem de cabeça vazia, disse em sua obstinação:

–"Não, não é propriedade do Estado, pertence, em vez disso, a alguma doação, e não tem dono claro ou óbvio. Todo mundo pode fazer uso dele como lhe aprouver. Eu não vejo nenhuma razão para negar-me o uso dessas coisas boas. Eu não acredito que elas pertençam a alguém a não ser que eu o veja com os meus próprios olhos." Ele continuou a falar dessa maneira, com muita sofisticação filosófica e uma discussão séria ocorreu entre eles.

Primeiro, o homem de cabeça vazia, disse:

–"Quem é o rei daqui? Eu não conheço."

Em seguida, seu amigo respondeu: "Você sabe que cada aldeia deve ter o seu chefe, cada agulha deve ter seu fabricante e artesão e cada carta deve ser escrita por alguém. Como, então, pode ser que tão extremamente bem ordenado reino, não deva ter nenhum governante? E como pode tanta riqueza não ter dono, quando cada hora um trem[NOTA] chega cheio de presentes preciosos e artísticos, como se vindo do reino do invisível? E todos os anúncios e proclamações, todos os selos e estampas, encontrados em todos os bens, todas as moedas e as agitadas bandeiras em todos os cantos do reino - eles podem estar sem dono? Parece que você estudou línguas estrangeiras um pouco, e é incapaz de ler o script islâmico. Além disso, você se recusa a pedir àqueles que são capazes de lê-lo. Venha agora, deixe-me ler para você o decreto supremo do rei."

O homem de cabeça vazia, em seguida, respondeu:

NOTA: Indica o ciclo de um ano. De fato, a cada primavera uma carrada de provisões vem do reino do invisível.

–"Bem, vamos supor que há um rei, que mal ele pode sofrer com o uso mínimo que eu estou fazendo de toda a sua riqueza? Será que o seu tesouro diminui por conta disso? Em qualquer caso, eu vejo aqui nada parecido com prisão ou punição."

Seu amigo respondeu: "Esta terra que você vê é um campo de manobra. É, além disso, uma exposição de suas artes maravilhosas reais. Então, novamente, pode ser considerado como um hóspede temporário, desprovido de fundamentos. Você não vê que a cada dia uma caravana chega e outra se vai e desaparece? Ele está sendo constantemente esvaziado e preenchido. Logo toda a terra será alterada; seus habitantes partirão para outro reino e mais duradouro. Lá todos serão recompensados ou punidos de acordo com os seus atos."

Aquele traiçoeiro de cabeça vazia respondeu rebelde: "Eu não acredito nisso. É de todo possível que um país inteiro pereça, e ser transferido para outro reino?"

Seu fiel amigo, em seguida, respondeu: "Uma vez que você é tão obstinado e rebelde, venha, deixe-me mostrar a você, com doze das inúmeras provas disponíveis, que existe um Tribunal Supremo, um reino de recompensa e generosidade, um reino de punição e encarceramento, e que, assim como este mundo é parcialmente esvaziado a cada dia, assim também um dia virá quando será totalmente esvaziado e destruído."

• **PRIMEIRO ASPECTO**: É de todo possível que em qualquer reino, e especialmente um tão esplêndido reino como este, não deva haver nenhuma recompensa para aqueles que servem obedientemente e sem punição para aqueles que se rebelem? A recompensa e punição são praticamente inexistentes aqui; deve haver, portanto, um Tribunal Supremo em outro lugar.

• **SEGUNDO ASPECTO**: Olhe para a organização e administração deste reino! Vê como a todos, incluindo os mais pobres e os mais fracos, é fornecido o sustento perfeito e pomposo. O melhor cuidado é dedicado ao doente. Reais e deliciosos alimentos, pratos, joias incrustadas com decorações, vestuários bordados, festas esplêndidas - todos podem ser encontrados aqui. Veja como todo mundo presta a devida atenção às suas funções, com exceção de pessoas de cabeça vazia, como você mesmo. Ninguém transgride seus limites nem por um centímetro. O maior de todos os homens está envolvido no serviço modesto e obediente, com uma atitude de medo e pavor. O governante deste reino deve ter, então, uma grande generosidade e abrangente compaixão, bem como, ao mesmo tempo, grande dignidade, impressionante exaltação e honra. Logo, a generosidade requer liberalidade; a compaixão não pode prescindir de beneficência, a grandiosidade e a honra tornam imperativo que o descortês seja castigado. Mas nem mesmo a milésima parte daquilo que a generosidade e grandiosidade necessitam é para ser visto neste reino. O opressor conserva o seu poder, e os oprimidos, sua humilhação, pois ambos partem e migram deste reino. Seus assuntos são, então, deixados para o mesmo Supremo Tribunal de que falamos.

• **TERCEIRO ASPECTO**: Veja como as coisas são conduzidas com sabedoria sublime e organização, e com que verdadeira justiça e equilíbrio as transações são efetuadas! Logo, uma política sábia exige que aqueles que buscam refúgio sob a asa protetora do Estado devem receber favores e a justiça exige que os direitos das pessoas sejam preservados para que o esplendor do Estado e o respeito à governança não sofram. Mas aqui nesta terra, nem a milésima parte dos requisitos de tal sabedoria e justiça é cumprida, por exemplo, as pessoas de cabeça vazia, como você, costumam deixar impunes este reino. Então, novamente dizemos, as questões são adiadas para a consideração de um Tribunal Supremo.

• **QUARTO ASPECTO**: Olhe para estas inúmeras e inigualáveis joias que são exibidas aqui, estes pratos exuberantes apresentados e que banquete! Eles demonstram que o governante dessas terras é possuidor de infinita generosidade e um tesouro inesgotável. Logo, tal generosidade e tal tesouro merecem e exigem uma exposição generosa que deve ser eterna e inclua todos os possíveis objetos de desejo. Eles também exigem que todos os que vêm como convidados para participar da exposição deveriam estar lá eternamente e não sofrer a dor da morte e da separação. Pois, se como a cessação da dor é prazerosa, assim também a cessação do prazer é dolorosa! Olhe para estas exposições e os anúncios sobre eles! Ouça esses arautos proclamando as artes plásticas e delicadas de um monarca de milagres, e demonstrando suas perfeições! Eles estão declarando sua inigualável e invisível beleza, e falando das manifestações sutis de sua oculta formosura, ele deve possuir, então, uma grande e surpreendente beleza e perfeição invisíveis. Esta impecável perfeição oculta requer alguém que apreciará e admirará quem olhará a ela, exclamando: Ma'challah! Assim exibindo-o e tornando-o conhecido.

Quanto à oculta e inigualável beleza, ela também requer ver e ser vista, ou melhor, contemplar-se de duas maneiras. A primeira consiste em contemplar-se em diferentes espelhos, e a segunda, por meio da contemplação dos espectadores extasiados e admiradores surpreendidos. Os desejos da beleza oculta, então, são o de ver e serem vistos, contemplar-se eternamente e ser contemplada sem cessar. Ela deseja também a existência permanente para quem olhar para ela com admiração e êxtase, porquea beleza eterna nunca pode se contentar com admirador transitório, além disso, o admirador destinado a perecer sem esperança de retorno encontrará seu amor voltando para a inimizade sempre que ele imagina sua morte, e sua admiração e respeito renderá desprezo, porque a natureza do homem é odiar o desconhecido e o desacostumado. Logo, todo mundo deixa a hospedaria deste reino muito rapidamente e desaparece, depois de ter visto apenas uma luz ou uma sombra da perfeição e beleza não mais do que um momento, sem de modo algum ficar saciado. Por isso, é necessário que ele deva ir para um reino eterno.

• **QUINTO ASPECTO**: Veja, é evidente a partir de todas essas questões que aquele Ser inigualável é possuidor da maior misericórdia. Porque ele faz com que a ajuda seja rapidamente estendida a todas as vítimas do infortúnio, responde a todas as perguntas e súplicas, e felizmente cumpre mesmo a mais humilde necessidade do seu servo mais humilde. Se, por exemplo, a pata da ovelha de algum pastor doa, ele ou oferece algum medicamento ou envia um veterinário.

Vamos, deixa-nos ir; há uma grande reunião naquela ilha. Todos os nobres da terra estão acampados lá. Veja um nobilíssimo comandante, usando belas decorações, pronunciando um discurso, e solicitando certas coisas ao monarca compassivo. Todos os presentes dizem: "Sim, nós também desejamos o mesmo", e afirmam e concordam com suas palavras. Agora ouça as palavras daquele comandante favorecido por seu monarca:

"Ó monarca que nos alimenta com a sua recompensa! Mostre-nos a fonte e a origem desses exemplos e sombras que nos apresenta! Atraia-nos para perto de seu assento de governo, não nos deixe morrer nestes desertos! Leve-nos a sua presença e tenha misericórdia de nós! Alimente-nos lá, da deliciosa recompensa que nos fez saborear aqui! Não nos atormente com o desespero e o banimento! Não deixe em vão seu rebanho, agradecido e obediente sujeito a própria sorte; não permita que seja aniquilado." Diz isso, suplicando, à sua audição É de todo possível que um monarca tão misericordioso e poderoso não deva preencher totalmente o melhor e o mais fino objetivo de seu mais amado e nobre comandante?

Além disso, o propósito do comandante é o objetivo de todos os homens, e seu cumprimento é exigido pelo prazer, pela compaixão e pela justiça do rei, e isso é uma questão de facilidade para ele, não de dificuldade, causando-lhe menos dificuldade do que os lugares transitórios de diversão contidos na hospedaria do mundo. Depois de ter passado tanto esforço nesses lugares de testemunho que vai durar apenas cinco ou seis dias, e sobre a fundação deste reino, a fim de demonstrar exemplos de seu poder, ele vai, sem dúvida, exibir em sua sede de governo verdadeiros tesouros, perfeições e habilidades de tal maneira, e abrir diante de nós tais espetáculos, que nossos intelectos serão surpreendidos.

Aqueles enviados para este campo de estudo não serão, então, deixados à própria sorte; palácios de felicidade ou masmorras esperam por eles.

• **SEXTO ASPECTO**: Venha agora, olha! Todas essas ferrovias imponentes, aviões, máquinas, armazéns, exposições mostram que por trás do véu um monarca imponente existe e governa.[NOTA]

Tal monarca exige assuntos dignos de si mesmo. Mas agora você vê todos os seus súditos reunidos em uma hospedaria para peregrinos, uma hospedaria que é cheia e esvaziada a cada dia. Também seus súditos estão agora reunidos num teste de campo por causa de manobras, e este campo também muda a cada hora. Mais uma vez, que todos os seus súditos ficam em um salão de exposição por alguns minutos para contemplar exemplares de beneficência do monarca, produtos valiosos de sua arte milagrosa. Mas a exposição em si muda a cada momento. Quem vai não volta e quem chega tem de ir. Agora

---

NOTA Por exemplo, quando um vasto exército na época atual recebe a ordem: "pegue suas armas e prepare suas baionetas", de acordo com as regras da guerra, enquanto em manobra, parece-se com uma floresta de carvalhos verticais. Da mesma forma, quando os soldados de uma guarnição são ordenados em dias festivos para vestir seus uniformes de desfile e pendurar suas medalhas, será semelhante de um lado para o outro, um jardim colorido e ornamentado, onde todas as flores desabrocharam. Por outro lado, quando no local de exercícios do mundo, as várias e infinitas espécies da soldadesca do Pré-Eterno Monarca- anjos, gênios, homens, animais e até mesmo insensíveis plantas, recebem a ordem de ﴿كُنْ فَيَكُونُ﴾ na luta pela preservação da vida e do comando: "Tomem as suas armas e equipamentos, e se preparem para se defenderem", quando fixam as diminutas baionetas que são as árvores de espinhos e plantas encontrados em todo o mundo -, então eles se assemelham a um exército magnífico avançando com baionetas armadas.

Da mesma forma, cada dia e cada semana da primavera é como um festival para cada classe do reino vegetal, e cada classe se apresenta ao olhar testemunhal do Monarca Pré-Eterno com os enfeites de joias que Ele lhes deu, como se fossem na parada, a fim de exibir os presentes finos que Ele lhes concedeu. É como se todas as plantas e árvores estivessem atendendo a um comando divino, de vestir as roupas cheias de joias produzidas pela arte de Allah, colocar as decorações feitas por Seu poder criador - flores e frutas. A face da terra vem em seguida, para representar um desfile em um esplêndido dia de festa, um magnífico desfile brilhando com os uniformes e as decorações de joias dos soldados.

Tal arranjo e ornamento sábio e bem ordenado demonstra uma certeza a todos os que não são cegos, que derivam do comando de um monarca de poder infinito e sabedoria ilimitada.

esta situação e circunstância conclusiva mostram que além da hospedaria, o teste de campo, a exposição. Há palácios, moradas permanentes, duradouras, e jardins e tesouros cheios dos puros e elevados originais das amostras e formas que vemos neste mundo. É por causa deles que nós mesmos nos exercitamos aqui. Aqui trabalhamos, e lá recebemos nossa recompensa. A forma e o grau de felicidade adequada à capacidade de todos nos esperam lá.

• **SÉTIMO ASPECTO**: Venha, vamos andar um pouco, e ver o que pode ser encontrado entre essas pessoas civilizadas. Olha, em cada lugar, em cada esquina, câmeras estão instaladas a tirar fotos. Olha, em todos os lugares há escribas sentados e escrevendo coisas. Tudo está sendo gravado. Eles estão registrando a menos significativa das obras, o mais banal dos acontecimentos. Agora, olhe para o alto da montanha, lá você vê um supremo fotógrafo instalado, dedicado ao serviço do rei,[NOTA] ele está tirando fotos de tudo o que acontece na área. O rei deve, então, ter emitido esta ordem: "Gravar todas as operações realizadas e ações executadas no reino." Em outras palavras, aquele exaltado personagem está registrando e fotografando todos os eventos. Os registros precisos que ele está mantendo devem sem dúvida ser por causa de um dia chamar seus súditos a prestarem contas.

Agora é de todo possível que um Onisciente e Preservador Ser, que não negligencia os atos mais banais do menor de seus súditos,

---

NOTA: Algumas das verdades indicadas neste aspecto foram estabelecidas na Sétima Verdade. No entanto, vamos destacar aqui que a figura do "supremo fotógrafo dedicado ao serviço do rei" é uma indicação da Tábua Preservada. A realidade e a existência da Tábua Preservada foram provadas na Vigésima Sexta Palavra da seguinte forma: umapasta sugere a existência de um grande livro, um pouco de documentos aponta para a existência de um grande registro, e pequenas gotas apontam para a existência de um grande reservatório de água. Assim, também as faculdades de retenção dos homens, os frutos das árvores, as sementes e os caroços das frutas, sendo cada um como uma pequena pasta, uma Tábua Preservada em miniatura ou uma gota proveniente da caneta que inscreve a grande Tábua Preservada - eles apontam, indicam e provam a existência de uma Faculdade Retentiva Suprema, um grande registro, uma exaltada Tábua Preservada. Na verdade, eles demonstram isso visivelmente ao intelecto perceptivo.

não deve registrar os feitos mais significativos do maior entre seus súditos, não deve chamá-los a prestar contas, não deve premiá-los e puni-los? Afinal de contas, aqueles primeiros entre os seus súditos executam atos ofensivos a sua glória, contrários a seu orgulho e inaceitáveis para sua compaixão, e essas ações ficam impunes neste mundo.

Deve ser, portanto, que o seu julgamento é adiado para o Tribunal Supremo.

• **OITAVO ASPECTO**: Venha, deixe-me ler para você os decretos emitidos por aquele monarca. Veja, ele repetidamente faz as seguintes promessas e ameaças terríveis: "Tirá-los-ei de sua residência atual e os trarei para a sede do meu governo. Lá darei felicidade ao obediente e prenderei os desobedientes. Destruindo essa morada temporária, encontrarei um reino diferente contendo palácios eternos e masmorras".

Ele pode facilmente cumprir as promessas que ele faz, de tal importância para os seus súditos. É, além disso, incompatível com seu orgulho e seu poder que ele quebre sua promessa. Então olhe, ó confuso! Você concorda com as reivindicações de sua imaginação mentirosa, seu intelecto perturbado, sua alma enganosa, mas nega as palavras de um ser que não pode ser obrigado de qualquer forma a quebrar sua promessa, cuja alta estatura não admite qualquer infidelidade, e cuja veracidade testemunha todos os atos visíveis. Certamente você merece um grande castigo. Você se assemelha a um viajante que fecha os olhos para a luz do sol e olha, em vez disso, para sua própria imaginação. Seus desejos extravagantes iluminam seu impressionante caminho escuro com a luz do seu cérebro, embora não seja mais do que um pirilampo. Uma vez que o monarca faz uma promessa, ele vai, por todos os meios, cumpri-la. Sua realização é mais fácil para ele e, além disso, mais necessário para nós e todas as coisas, assim como também para ele e seu reino.

Há, portanto, uma Tribunal Supremo, e uma felicidade sublime.

• **NONO ASPECTO**: Venha agora! Olhe para as cabeças destes oficiais e grupos.[NOTA 1] Cada um tem um telefone privado para falar pessoalmente com o rei. Às vezes, também eles vão diretamente para sua presença. Veja o que eles dizem e relatam, por unanimidade, que o monarca tem preparado um lugar mais magnífico e impressionante para recompensa e punição. Suas promessas são ameaças enfáticas e são mais severas. Seu orgulho e dignidade são tais que ele em nada se inclina para a abjeção inerente à quebra de uma promessa. Os portadores deste relatório, que são tão numerosos quanto a ser universalmente aceitos, outro relatório com a forte unanimidade de consenso que "o assento e a sede da monarquia elevada, alguns dos cujos traços são visíveis aqui, estão em outro reino muito distante daqui. Os edifícios existentes neste teste de campo, são temporários e, posteriormente, serão trocados por eternos palácios. Estes lugares mudarão. Esta magnífica e imperecível monarquia, o esplendor de que resulta das suas obras, não pode de forma alguma ser encontrada ou baseada em tão transitórios, passageiros, instáveis, insignificantes, assuntos defeituosos e imperfeitos. Baseia-se, sim, em coisas dignas dele, eternas, estáveis, permanentes e gloriosos."

Há, então, outro reino, e com certeza iremos na sua direção.

DÉCIMO ASPECTO: Vem, hoje é o equinócio da primavera.[NOTA 2] Certas mudanças acontecerão, e as coisas maravilhosas ocorrerão. Neste belo dia de primavera, vamos dar um

---

NOTA 1: Os significados indicados neste aspecto podem ser encontrados na Oitava Verdade. Por exemplo, chefes de escritórios significam profetas e santos. Quanto ao telefone, é um link e uma relação com Allah que sai do coração e é o espelho da revelação e o receptáculo da inspiração. O coração é como o fone de ouvido do telefone.

NOTA 2: Você vai descobrir que este aspecto é aludido na Nona Verdade. O equinócio da primavera é equivalente ao início da primavera. Quanto à planície verde coberta de flores, esta é a face da terra na primavera. As cenas de mudança e os espetáculos são uma alusão aos diferentes grupos de seres primaveris, as aulas de criação de verão, e o sustento para homens e animais, que o Criador Todo-Poderoso e Glorioso, o Criador Todo-sábio e belo, desde o início da primavera ao final do verão, traz em sucessão ordenada, renova com a maior compaixão e despacha ininterruptamente.

passeio na verde planície adornada com belas flores. Veja outras pessoas também vindo em sua direção. Lá deve haver alguma mágica em ação, uma vez que os edifícios que eram meras ruínas, de repente, surgiram novamente aqui, e esta planície, uma vez desertica tornou-se uma cidade populosa. Veja, a cada hora aparece uma cena diferente, assim como uma tela de cinema, e assume uma forma diferente. Mas note também que entre essas cenas complexas, rapidamente mutáveis e multifacetadas existe uma perfeita ordem, de modo que todas as coisas são colocadas em seus devidos lugares. As cenas imaginárias que nos são apresentadas na tela do cinema não podem ser bem ordenadas como estas, e milhões de magos qualificados seriam incapazes desta arte. Este monarca a quem não podemos ver deve, então, ter realizado milagres ainda maiores.

Ó tolo! Você pergunta: "Como pode este vasto reino ser destruído e reestabelecido em outro lugar?"

Você vê que a cada hora inúmeras mudanças e revoluções ocorrem, como a transferência de um reino para outro que sua mente não aceita. A partir desta reunião e dispersão pode-se deduzir que um determinado objetivo está oculto dentro dessas visíveis e rápidas junções e separações, dessas composições e dissoluções. Dez anos de esforço para uma reunião destinada a durar não mais que uma hora. Então, essas circunstâncias que testemunhamos não podem ser fins em si mesmos, eles são uma espécie da parábola de algo além de si mesmos, uma imitação. Aquele ser exaltado realiza-os de forma milagrosa, de modo que eles tomam forma e, em seguida, os funde, e o resultado é preservado e gravado, exatamente da mesma forma que todos os aspectos de uma manobra no campo de batalha são escritos e registrados. Isto implica que o processo de algum grande concurso e reunião será com base no que acontece aqui. Além disso, os resultados de tudo o que ocorre aqui serão permanentemente exibidos em alguma exposição suprema. Todo o transiente e fenômeno flutuantes que vemos aqui produzirão o fruto da eterna e imutável forma.

Todas as variações que observamos neste mundo são então, por causa de uma felicidade suprema, um Tribunal Supremo, por causa de objetivos exaltados ainda desconhecidos para nós.

• **DÉCIMO PRIMEIRO ASPECTO**: Venha, o amigo obstinado! Vamos embarcar em um avião ou um trem viajando para o leste ou oeste, ou seja, para o passado ou o futuro. Vamos ver que milagrosa obra está funcionando em outros lugares. Olhe, há maravilhas em cada mão, como as habitações, espaços abertos e exposições que vemos. Mas todos eles são diferentes no que diz respeito à arte e à forma. Note bem, no entanto, que ordem se aplica à sabedoria manifesta, que indicações de compaixão evidente, que sinais de justiça elevada, e que frutos de abrangente misericórdia, podem ser vistos nessas moradias transitórias, estes espaços transitórios abertos, estas exposições fugazes. Quem não totalmente desprovido de discernimento consegue compreender a certeza de que nenhuma sabedoria pode ser imaginada mais perfeita do que a dele, nenhuma providência mais bela do que a dele, nenhuma compaixão mais abrangente do que a dele, e nenhuma justiça mais gloriosa do que a dele.

Se, por uma questão de argumento, como você imagina, nada de moradias permanentes, locais elevados, estações fixas, residências constantes, ou população residente e contente existiram na esfera do seu reino; se as verdades da sua sabedoria, compaixão, misericórdia e justiça não tinham domínio no qual se manifestarem totalmente (uma vez que este reino transitório não é lugar para a sua manifestação plena) - então seríamos obrigados a negar a sabedoria que vemos, negar a compaixão que observamos, negar a misericórdia que está na frente dos nossos olhos e negar os sinais da justiça que são evidentes. Isso seria tão idiota como negar o sol, a luz do qual vemos claramente ao meio-dia. Também teríamos de considerar aquele de quem procedem todas essas sábias medidas que vemos, todos estes atos generosos, todos esses dons misericordiosos, um jogador vil ou tirano traiçoeiro (que Allah nos livre!). Isso seria inverter a verdade. E tornando a verdade em seu oposto é impossível, de acordo com o testemunho unânime de todos os seres racionais, excetuando-se apenas dos sofistas idiotas que negam tudo.

Há, então, um reino além do presente. Nele, há um tribunal supremo, um lugar elevado de justiça, um lugar exaltado de recompensa, onde toda esta compaixão, sabedoria, misericórdia e justiça serão manifestadas plenamente.

• **DÉCIMO SEGUNDO ASPECTO**: Venha, vamos voltar agora. Vamos falar com os chefes e oficiais desses vários grupos, e olhando para o seu equipamento vamos perguntar se o equipamento foi-lhes dado apenas por uma questão de subsistir por um breve período naquele reino, ou se foi dado em prol da obtenção de uma longa vida de felicidade em outro reino. Vamos ver. Não podemos olhar para todos e para seu equipamento. Mas, a título de exemplo, vamos olhar para o documento de identidade e o registro deste oficial. Em seu cartão, sua posição, salário, dever, suprimentos e instruções são gravados. Veja que esta patente não foi concedida a ele por apenas alguns dias; pode ser dada por um prolongado período. Diz em seu cartão: "Você receberá do tesouro tanto de salário em tal e tal dia." Mas a data em questão não chegará por um longo período de tempo, depois de este reino ser desocupado. Da mesma forma, o imposto mencionado em seu cartão não foi dado para este reino temporário, mas sim por uma questão de ganhar a felicidade permanente na proximidade do rei. Então, também, os suprimentos concedidos a ele não podem ser apenas por uma questão de subsistir nesta hospedaria por alguns dias, pois eles só podem ser por causa de uma vida longa e feliz. As instruções deixam bem claro que ele está destinado a um lugar diferente, que está trabalhando para outro reino.

Agora olhe para esses registros. Eles contêm instruções para o uso e disposição de armas e equipamentos. Se não houvesse outro reino do que isso, exaltado e eterno, que registra com suas instruções categóricas e a carteira de identidade com a informação clara, ambos seriam sem sentido. Além disso, esse oficial respeitado, o comandante nobre, o chefe honrado, cairia para um nível mais baixo do que o de todos os homens; ele seria o mais um desgraçado, infeliz, rebaixado, aflito, indigente e fraco de todos. Aplique o mesmo princípio para tudo. Tudo o que você olhar testemunha que depois deste mundo transitório existe outro mundo eterno.

Ó amigo! Este mundo temporário é como um campo. É um lugar de instrução, um mercado. Sem dúvida, um tribunal supremo e felicidade suprema irão sucedê-lo. Se você negar isso, será obrigado também negar os documentos de identidade de todos os funcionários, seus equipamentos e suas ordens, na verdade, você vai ter que negar também toda a ordem de existir no país, a existência de um governo nele e todas as medidas que o governo toma. Então, você não mais merecerá o nome do homem ou a denominação de consciente. Você será mais tolo do que os sofistas.

Cuidado, não imagine que as provas da transferência da criação de um reino para outro está restrito a estes doze aspectos. Há indícios e provas além de contagem e enumeração, todos mostrando que este transitório, mutante reino será transformado em um reino permanente e imutável. Há também inúmeros sinais e evidências que os homens serão tomados a partir desta hospedaria temporária e enviados para a sede eterna do governo de toda a criação.

Eu vou lhe mostrar uma prova em particular, que é mais forte do que todos os doze aspectos tomados juntos.

Venha agora, olhe, no meio da grande assembleia visível à distância o mesmo nobre comandante que vimos anteriormente na ilha, adornado com numerosas condecorações, está fazendo um anúncio. Vamos ouvir. Veja o luminoso e o mais nobre comandante está transmitindo um decreto supremo, lindamente inscrito. Ele diz:

"Preparem-se, vocês vão para o outro e permanente reino, um reino de tal forma que este aparecerá como uma masmorra, por comparação. Vocês irão para a sede do governo do nosso rei, e lá receberã sua compaixão e sua generosidade, se vocês prestaemr bem atenção a este edital e obedececerem-no. Mas se vocês se rebelarem e desobedecerem-no serão lançados em masmorras impressionantes." Essa é a mensagem que ele transmite. Se você olhar para o decreto, você verá que ele tem um selo tão milagroso que não pode de forma alguma ser imitado. Todo mundo além de idiotas, tais como você, sabem com certeza que o decreto é do rei. Além disso, o comandante nobre carrega essas decorações brilhantes que todos, exceto os cegos como você, entendem muito bem que ele é o verdadeiro portador das ordens do rei.

É de todo possível que o ensino da transferência de um domínio para outro, desafiadoramente transmitido por esse comandante nobre no Supremo decreto que recebeu, deve em tudo ser aberto a objeção? Não, não é possível, a menos que neguemos tudo o que já vimos.

Agora, ó amigo, é sua vez de falar. Diga o que você tem a dizer.

–"O que eu devo dizer? O que pode ser dito para contradizer tudo isso? Quem pode falar contra o sol ao meio-dia? Eu digo apenas: Louvado seja Allah. Cem mil graças por ter sido salvo do domínio da imaginação e da fantasia, e salvo de uma masmorra eterna e prisão. Eu vim acreditar que existe uma morada de felicidade na proximidade do monarca, separada desta hospedaria confusa e transitória."

Nossa comparação, indicando a verdade da ressurreição e a Outra Vida está concluída. Agora, com a graça de Allah, vamos passar para a verdade mais exaltada. Nós estabeleceremos doze Verdades interrelacionadas, correspondentes aos doze aspectos discutidos acima, bem como uma introdução.

INTRODUÇÃO

[Por meio de algumas indicações, estamos nos referindo a vários assuntos explicados em outras partes, isto é, nas palavras Vigésima Segunda, Décima Nona e Vigésima Sexta.]

• PRIMEIRA INDICAÇÃO

Há três pares para o homem tolo e seu companheiro confiável na história anterior:

- A minha alma ordenadora e o meu coração;
- Os estudantes de filosofia e os alunos do Alcorão Sagrado;
- O povo de incredulidade e a comunidade do Islam.

O pior erro e a desorientação dos estudantes de filosofia, o povo de incredulidade e da alma instintiva, estão em não reconhecer a Allah. Assim como na história anterior, o homem de confiança, disse: "Não pode haver nenhuma carta sem um escriba, nem lei, sem um legislador", nós também dizemos o seguinte:

Um livro, especialmente em cada palavra dele que uma caneta diminuta inscreveu outro livro inteiro, e em cada letra dele uma caneta fina traçou um poema, não pode ficar sem um escritor; isso seria totalmente impossível. Assim, também este cosmos não pode ficar sem o seu registrador; isso é impossível ao grau máximo. Uma vez que o cosmos é precisamente um livro que cada uma de suas páginas inclui muitos outros livros, cada uma de suas palavras contém um livro, e cada uma de suas letras contém um poema. A face da terra é uma página no livro do cosmos. Veja quantos livros ela contém. Cada árvore é uma palavra, veja quantas páginas ela contém. Cada fruta é uma letra, e cada semente é um ponto. Nesse ponto está contido o índice de toda a árvore, na sua amplitude. Um livro como este pode ter sido escrito apenas pela poderosa pena de um Possuidor de Glória que gosta dos atributos de esplendor e beleza, e é o detentor da sabedoria e do poder infinitos. A fé, então, segue inevitavelmente na observação do mundo, a menos que alguém esteja bêbado na desorientação.

Da mesma forma, uma casa não pode surgir sem um construtor, particularmente uma casa adornada com obras miraculosas de arte, projetos maravilhosos, e ornamentos incríveis. Tanta arte foi colocada em uma das suas pedras como em um palácio inteiro. Nenhuma inteligência aceitará que poderia surgir sem um construtor; definitivamente precisa de um mestre arquiteto. Além disso, dentro do prédio, verdadeiros quartos tomam forma e mudam a cada hora com o máximo de ordem e vontade, como se as roupas fossem sendo alterados, ou como se as cenas fossem passando em uma tela de cinema. Podemos dizer ainda que inúmeras salas pequenas são constantemente criadas em cada uma dessas cenas.

Da mesma forma, o cosmos também exige um infinitamente sábio, onisciente e todo- poderoso fabricante. Uma vez que o magnífico cosmos é um palácio que tem o sol e a lua como suas lâmpadas e as estrelas como suas velas, o tempo é como uma corda ou fita pendurada no seu interior, sobre o qual o Criador Glorioso enfia a cada ano um novo mundo. E dentro deste Ele enfia no fio do tempo trezentos e sessenta novas e ordenadas formas. Ele as muda com a máxima regularidade e sabedoria. Ele fez a face da terra uma extensão abundante que Ele adorna a cada primavera, com três mil espécies de criação, que enche com inúmeros tipos de presentes generosos. Ele faz isso de tal forma que todos ficam afastados uns dos outros bem separados e distintos, apesar de estarem, ao mesmo tempo tão perto e entrelaçados. Avalia com isso todos os lados; Como ignorar a existência do Criador deste palácio?

Mais uma vez, negar a existência do sol, em um dia sem nuvens, ao meio-dia, quando seus traços devem ser observados e seu reflexo é para ser visto em todas as bolhas na superfície do oceano, em cada objeto brilhante na terra seca, e em cada partícula de neve negar isso seria o delírio de alguém perturbado. Se alguém negar e se recusar a aceitar a existência do sol único, seria obrigado a aceitar a existência de toda uma série de pequenos sóis, cada um real e existente em si mesmo, tão numerosos quanto às gotas e bolhas do oceano, incontáveis como as partículas de neve. Seria necessário acreditar que cada partícula contém um enorme sol, ainda que a partícula seja suficiente para conter somente a si mesma. Seria um sinal ainda maior de insanidade e desorientação de recusar o próprio assentimento aos atributos de perfeição do Criador Glorioso, mesmo vendo o cosmos bem ordenado mudando constantemente de forma sábia e regular, que está sendo incessantemente renovado em disciplinada maneira. Isto, também, seria como os delírios de um lunático, uma vez que, em seguida, torna-se necessário acreditar e aceitar que a divindade absoluta está presente em todas as coisas, até mesmo numa partícula. Uma vez que cada partícula de ar é de alguma forma capaz de entrar e exercer os seus efeitos sobre toda flor, fruto e folha e, a menos que a tarefa seja a partícula por um Criador, ela deve saber por si mesma a estrutura e a forma de todos os objetos que penetra e afeta. Em outras palavras, ela deve possuir poder e conhecimento abrangente.

Por exemplo, cada partícula do solo é potencialmente capaz de dar origem a todas as sementes diferentes que existem. Se ela não estiver agindo de acordo com um comando, deve conter em si equipamentos e instrumentos correspondentes a todas as diversas árvores e plantas do mundo. Ou, em outras palavras, deve-se atribuir à partícula tal arte e potência que é conhecer a estrutura de cada elemento e as formas que cada um deles é levado a assumir, e ser capaz de elaborar essas formas. Isso é também verdade no que diz respeito à partícula e a outros reinos da criação.

Assim você pode entender que em todas as coisas há numerosas manifestações e provas da Unicidade de Allah. Criar todas as coisas a partir de uma coisa, e fazer todas as coisas uma coisa, é uma tarefa possível apenas para o Criador de todas as coisas. Preste atenção para a declaração sublime:

﴿ وَاِنْ مِنْ شَىْءٍ اِلاَّ يُسَبِّحُ بِحَمْدِهِ ﴾[2] Porque, se a pessoa não aceitar a Allah, o Único e Exclusivo, é preciso aceitar deuses tão numerosos quanto os seres criados.

• SEGUNDA INDICAÇÃO

Em nossa história, fizemos menção a um comandante mais nobre e dissemos que quem não é cego e vê suas condecorações e medalhas entenderá que ele age de acordo com os comandos de um monarca e é seu servo favorito. Agora que o comandante mais nobre é o mensageiro mais importante de Allah, (que a paz e as bênçãos estejam com ele). O Criador sagrado de tão ornamentado o cosmos deve obrigatoriamente ter um Nobre Mensageiro, assim como o sol deve necessariamente ter luz. Pois, o sol não pode existir sem dar a luz, e a Divindade não pode ser sem mostrar-Se por meio do envio de profetas. É de todo possível que a beleza da perfeição absoluta não deva desejar Se manifestar por meio de um que irá demonstrá-lo e exibi-lo?

É de todo possível que a perfeição da bela arte não deseje se tornar conhecida por meio de um arauto que atrairá os olhares dos homens em cima dela?

É de todo possível que a monarquia universal de Toda-Abrangente divindade não deva desejar anunciar a sua unidade e eterna súplica por intermédio dos diferentes níveis de multiplicidade e particularidade, por meio de um emissário que possui dois aspectos? Pelos dois aspectos, queremos dizer que ele é tanto o enviado do reino da multiplicidade ao Tribunal Divino, em virtude de seu culto universal, e também o mensageiro do Divino Tribunal para o reino da multiplicidade, em virtude de sua proximidade com Allah e ser confiado com a Sua mensagem.

É de todo possível que um possuidor de inerente beleza infinita não deveria desejar, tanto para contemplar a si mesmo e para mostrar aos outros, em vários espelhos, os encantos de sua beleza e as seduções de sua justiça? O Mensageiro de Allah é o Seu amado, fazendo-se amado por Ele, por meio de sua adoração e segurando um espelho a ele, e também é o portador de Sua mensagem, tornando-o amado dos homens e demonstrando-lhes a beleza de Seus nomes.

É de todo possível que o proprietário de tesouros cheios de milagres maravilhosos, de raros e valiosos itens, não deva desejar exibi-los à contemplação dos homens, por meio de um perito joalheiro e descrevedor eloquente, revelando assim suas perfeições ocultas?

É de todo possível que Aquele que manifesta a perfeição de todos os Seus nomes no cosmos, por meio de adorno artístico que os homens olham, de modo que o cosmos vem se assemelhar a um palácio decorado com todos os tipos de arte maravilhosa e sutil, também não deve designar um professor e um guia para as maravilhas de Sua criação?

É de todo possível que o Senhor do cosmos não deva resolver, por meio de um mensageiro, o talismã complexo do objetivo e propósito de todas as mudanças que ocorrem no cosmos, e o enigma contido nas três difíceis questões colocadas por todos os seres: "Qual é a nossa origem? Qual é o nosso destino? Qual é o nosso propósito?"

É de todo possível que o Criador Glorioso, Que Se faz conhecido dos seres conscientes, por meio de Sua criação justa, e que Se torna amado por meio de Suas dádivas preciosas, não deva também comunicar aos seres conscientes, por meio de um mensageiro, o que o Seu prazer deseja deles em troca?

É de todo possível que Allah deva criar a humanidade em uma forma predispondo-a ao sofrimento da consciência da multiplicidade, mas também contendo a capacidade de envolver-se em culto universal, sem que, ao mesmo tempo, pretenda transformá-la da multiplicidade à unicidade, por meio de um professor e um guia?

Existem inúmeras outras funções de profecia, cada uma das quais é uma prova decisiva de que a Divindade implica necessariamente em Mensagem.

Alguém já apareceu no mundo mais digno e mais em posse das qualidades e funções acima mencionadas de Mohammad, o Profeta árabe (Allah o abençoe e lhe dê paz)? O tempo nos mostrou, acaso, alguém mais adequado para o posto de mensageiro e a tarefa de transmitir a Mensagem de Allah? Não, de maneira nenhuma!

Ele é o mestre de todos os mensageiros, o mais importante de todos os profetas, o líder de todos os puros, o mais próximo de Allah de todos aqueles que têm se achegado a Ele, a mais perfeita de todas as criaturas, o monarca de todos os guias para a justiça.

Além dos inúmeros indícios de sua missão profética decorrentes de mais de mil milagres, como a divisão da lua e o fluxo de água de seus dedos, que todos os estudiosos confirmam, por unanimidade, o milagre supremo do Glorioso Alcorão, um oceano de verdade e um livro milagroso em quarenta diferentes aspectos - é por si só suficiente para demonstrar a sua missão profética tão claramente como o sol. Uma vez que discutir os quarenta diferentes aspectos de quarenta milagres do Alcorão em outros tratados, particularmente na Vigésima Quinta Palavra, limitar nossa discussão sobre o assunto aqui.

• TERCEIRA INDICAÇÃO

Que não se pense que o homem pequeno é muito insignificante uma vez que este vasto mundo será levado a um fim e outro reino será desdobrado simplesmente para ser ele levado a prestar conta. Uma vez que o homem, aparentemente insignificante, assume grande importância como o mestre de todas as criaturas, em virtude da abrangência de sua disposição, como o arauto da monarquia de Allah, e o manifestante da adoração universal. Também não deixe ninguém perguntar: "Como alguém pode merecer o tormento eterno no curso de uma breve vida?" Uma vez que a incredulidade tenta arrastar a criação, algo tão valioso e exaltado como uma carta escrita por Allah, até as profundezas da falta de sentido e de propósito. É um insulto a todos os seres, uma vez que nega e rejeita as manifestações e impressões dos Nomes Sagrados de Allah que são visíveis em todos os seres, e visam anular todas as provas infinitas que demonstram a veracidade e sinceridade de Allah, Exaltado seja. Daí, a incredulidade é um crime de proporções infinitas, merecedora de punição infinita.

• QUARTA INDICAÇÃO

Na história, vimos por meio de doze aspectos que um rei que tinha um domínio semelhante a uma hospedaria transitória deve necessariamente ter outro reino, um eterno e permanente, manifestando o seu esplendor e a sublimidade do seu poder. Da mesma forma, não é de todo possível que o Eterno Criador do mundo transitório não possa criar também um reino eterno. Não é possível que o Criador Eterno deste belo, mas instável cosmos, não criaria outro cosmo, permanente e duradouro. Não é possível que o Sábio, Poderoso e Misericordioso Criador deste mundo, que é como uma exposição, ou um teste de campo, ou um campo, não criaria Outra Vida em que os propósitos deste mundo devem ser manifestados. A entrada é para ser esta verdade por intermédio de doze portas, e as doze portas são para ser desbloqueadas por meio de doze outras verdades. Vamos começar com a menor e a mais simples delas:

PRIMEIRA VERDADE

A Porta da Divindade e da Soberania,
A Manifestação do Nome do Senhor

Seria possível que a glória da Divindade de Allah e Sua Soberania Divina criaria um cosmos como este, a fim de mostrar Suas perfeições, com tais objetivos nobres e propósitos elevados, sem estabelecer uma recompensa para aqueles crentes que, por intermédio da fé e da adoração respondem a esses objetivos e propósitos? Ou que Ele não deveria punir aqueles equivocados que tratam os Seus propósitos com rejeição e desprezo?

SEGUNDA VERDADE

A Porta da Generosidade e da Misericórdia,
A Manifestação dos Nomes do Generoso e Misericordioso

É de todo possível que o Senhor deste mundo, que em Sua obra demonstra generosidade infinita, infinita misericórdia, esplendor e glória infinita, não dar a recompensa de uma forma condizente com

Sua generosidade e misericórdia, e não punir de forma condizente com Seu esplendor e glória? Se olharmos para a disposição das coisas deste mundo, vemos que todos os seres do mais fraco ao mais forte são-lhes dados alguma forma apropriada de sustento.[NOTA] Na verdade, aos mais fracos e impotentes é dada a melhor forma de sustento, fornece cura para todo o enfermo, por onde menos espera. Esta recompensa é distribuída com tão elevada generosidade que uma mão de infinita bondade está manifestamente em ação.

Por exemplo, na primavera, todas as árvores são vestidas com roupas tão finas como seda, assim como as huris do Paraíso; são incrustadas com flores e frutos, como se fossem joias, e nos oferecem inúmeras variedades dos frutos escolhidos, em ramos delicadamente estendidos como as mãos de um servo. Da mesma forma, é-nos dado saudável e doce mel para comer, das patinhas da abelha com seu ferrão; estamos vestidos com a melhor e mais macia de roupa por meio de um inseto que não tem mãos; e dentro de uma pequena semente um grande tesouro de misericórdia é preservado para nós. É evidente que tudo isso é o efeito da mais bela generosidade, um sentido mais delicado de misericórdia.

Então, também, o fato de que, com exceção do homem e certos animais selvagens, todas as coisas, do sol, da lua e da terra até a menor das criaturas, desempenham as suas funções com a máxima exatidão, não ultrapassam seus limites em um centímetro, e observam a obediência universal num espírito de grande temor - isto mostra que eles agem pelo comando de um Possuidor de grande glória e dignidade. Também é evidente que a forma em que todas as mães, no reino vegetal, animal e humano, socorrem seus filhos fracos e

---

NOTE : Todo alimento lícito não é obtido por meio do exercício de força, mas pela existência de necessidade. A prova decisiva disto é que as crianças sem poder aproveitar os melhores meios de subsistência, enquanto fortes feras sofrem todos os tipos de deficiência, e que os peixes, por falta de inteligência, estão cheios de gordura, enquanto a raposa astuta e o macaco permanecem magros em sua busca de meios de subsistência. Existe, portanto, uma relação inversa entre a sustentação de um lado e a força e força de vontade do outro. Quanto mais se confia na força e força de vontade, mais difícil será manter um modo de vida.

impotentes com o delicado alimento de leite, em terna compaixão, é uma manifestação da todo-abrangente mercê [NOTA] de Allah.

Uma vez que o Dono deste mundo tem infinita generosidade, misericórdia, esplendor e glória, segue-se que a Sua infinita glória e infinito esplendor exigem o castigo ao descortês; que Sua infinita generosidade exige generosidade infinita, e sua infinita misericórdia exige uma outorga de favor digna d''Ele. Agora, neste mundo transitório e vida breve, apenas uma milionésima parte de tudo isso, como uma gota do oceano, se estabelece e se manifesta. Deve, portanto, haver um reino da bem-aventurança apropriado para a generosidade e digno da misericórdia. Se alguém negasse a existência da misericórdia que é visível para nós, isso seria o mesmo que negar a existência do sol que enche todos os dias com a sua luz. Uma vez que a morte irrevogável pode transformar a compaixão em desastre, o amor em aflição, a bênção em vingança, o intelecto em uma ferramenta de miséria, e prazer na dor, de modo que a essência da misericórdia de Allah desapareceria.

Tem, além disso, um reino de punição apropriado para a glória e dignidade de Allah. Uma vez que geralmente o opressor deixa este mundo ainda na posse de seu poder, e os oprimidos, ainda submetidos à humilhação. Estas questões são, portanto, adiadas para a atenção de um Tribunal Supremo; não é que eles sejam negligenciados. Às vezes, acontece também que a punição é promulgada neste mundo. Os tormentos sofridos pelos povos desobedientes e rebeldes em séculos anteriores mostram que o homem não é deixado aos próprios dispositivos, e que ele está sempre sujeito aos golpes que o esplendor e a majestade de Allah podem optar por provocá-lo.

NOTA : O fato de o leão faminto preferir sua prole a si mesmo, e dá a ela um pedaço de carne que de outra forma teria comido; que a galinha covarde vai atacar um cão e um leão a fim de proteger seus filhotes, que a figueira se alimenta com lama, enquanto dá leite puro para sua prole, a fruta - isso mostra para quem não é cego que eles agem de acordo com os comandos de um Ser infinitamente misericordioso, generoso e solícito. Mais uma vez, o fato de que mesmo as plantas e os animais inconscientes funcionam no mais sábio e mais consciente dos modos demonstra irrefutavelmente que um Totalmente Conhecedor e Onisciente tem-nos configurado para agir, e que eles estão agindo em Seu nome.

É de todo possível que o homem tivesse o dever mais importante em toda a criação e ser dotado das capacidades mais importantes; que o Sustentador do homem Se faça conhecido a ele com todas as Suas obras bem ordenadas, e o homem, então, deixar de reconhecê-Lo em retorno por meio da fé, ou que Allah Se faça amado dos homens por conta dos numerosos e adornados frutos de Sua misericórdia, e o homem, então, deixar de fazer-se amado d'Ele por meio da adoração, ou que Allah demonstre Seu amor e misericórdia ao homem com Suas variadas bênçãos e o homem, então, deixar de respeitá-Lo com gratidão e com louvor? Seria possível que o homem permaneça impune, e fazer o que quer, ou que esse poderoso Possuidor de esplendor e glória não vai preparar para ele um reino de compensação?

É de todo possível, por outro lado, que Ele não prepararia um reino de recompensa e felicidade eterna para os crentes que respondem ao Misericordioso e Compassivo, fazendo-Se conhecido, reconhecendo-O na fé; fazendo-Se amado por amá-Lo na adoração; e a Sua misericórdia, oferecendo graças e veneração?

TERCEIRA VERDADE

A Porta da Sabedoria e da Justiça,

A Manifestação dos Nomes do Sábio e Justo

Seria possível [NOTA] que o Senhor da Glória, que demonstra Sua soberania Divina na sabedoria e na ordem, na justiça e no equilíbrio que permeiam todas as coisas, do átomo ao sol, não conceda favor

---

NOTA: A frase "è de todo possível?" é, de fato, repetida muitas vezes, porque expressa um mistério mais importante. Desorientação e falta de crença geralmente brotam do hábito de imaginar coisas impossíveis, longe do reino da razão e, portanto, negam-nos. Agora, nessa discussão da ressurreição tem sido decisivamente demonstrado que a verdadeira impossibilidade, o absurdo e a irracionalidade pertencem ao caminho da descrença e à estrada de desorientação, enquanto a possibilidade verdadeira, a facilidade e a racionalidade são características do caminho da fé e da autoestrada do Islam.

Em suma, os filósofos tendem à incredulidade por considerarem as coisas impossíveis, enquanto a Décima Palavra (discussão da ressurreição), por meio da frase repetida, "é de todo possível?" mostra onde a impossibilidade reside, e, portanto, trata-os com um golpe na boca.

àqueles crentes que procuram refúgio sob a asa protetora de Sua Divindade, que acreditam em Sua Sabedoria e Justiça, e cujos atos sejam o propósito de adorá-Lo?

Mais uma vez, é possível que ele não vá castigar aqueles homens rudes e descorteses que não creem em Sua sabedoria e justiça, e se rebelam contra Ele com insolência? Agora, nem mesmo a milésima parte dessa sabedoria e justiça é exercida com respeito ao homem, neste mundo transitório; é, em vez disso, adiada. A maioria das pessoas de desorientação deixa este mundo impune, e a maioria das pessoas de orientação deixa-o sem recompensa. Todas as coisas são, então, adiadas para um tribunal supremo, uma bem-aventurança final.

Sim, é evidente que o Ser Que controla este mundo faça isso de acordo com uma sabedoria infinita. Você precisa de uma prova? É a preservação do interesse e benefício em todas as coisas. Você não vê que inúmeros benefícios sábios são destinados a todos os membros, ossos e veias do ser humano, mesmo nas células de seu cérebro e em cada partícula do seu corpo? Você não vê que a partir de certos membros, sábios benefícios são tão numerosos quanto os frutos de uma árvore? Tudo isso mostra que as coisas são feitas de acordo com a sabedoria infinita. A existência da maior regularidade na realização de todas as coisas é uma prova da mesma verdade.

A compressão do programa exato do desenvolvimento de uma bela flor em uma semente diminuta, a inscrição em uma pequena semente pela caneta do destino da lista das ações de uma árvore, a sua história de vida e lista de equipamentos, mostram que uma caneta de extrema sabedoria está em ação.

A existência de um elevado grau de arte fina em todas as coisas prova que existe também a impressão de um Criador infinitamente sábio. Além disso, a inclusão dentro do corpo diminuto do homem de um índice de todos os seres, das chaves de todos os tesouros da misericórdia e dos espelhos de todos os Nomes Divinos, demonstra a existência de sabedoria dentro dessa infinitamente fina arte. Agora, portanto, é de todo possível que a sabedoria a qual, permeia o funcionamento da religiosidade não deva desejar eternamente favorecer àqueles que buscam refúgio debaixo da asa da divindade e que oferecem obediência na fé?

Você deseja uma prova de que todas as coisas são feitas com justiça e equilíbrio? O fato de que todas as coisas são dotadas de ser, dado forma e colocado em seu lugar apropriado de acordo com o equilíbrio preciso e na medida adequada, mostra que todas as questões são feitas em conformidade com a justiça infinita e o equilíbrio.

Da mesma forma, o fato de que são dados a todas as coisas seus direitos, de acordo com a sua disposição, que recebem todas as necessidades de seu ser e de todas as exigências da vida na forma mais adequada - este também é o sinal deixado por uma mão da infinita justiça.

Novamente, o fato de que a resposta é sempre dada a cada petição e pedido feito pela língua de disposição e da carência natural ou necessidade, demonstra a existência de infinita justiça e sabedoria.

Agora, seria possível que a justiça e a sabedoria que se apressam em aliviar a menor necessidade da menor da criação iriam deixar de fornecer a imortalidade, a maior necessidade do homem, a maior das criaturas? Que deixe de responder ao seu maior apelo de pedir ajuda? Ou que ele não preserve a dignidade da divindade de Allah por preservar os direitos de Seus servos? O homem, cuja vida é tão breve, não pode experimentar a verdadeira essência da justiça neste mundo transitório; por esta razão que as questões são adiadas para um tribunal supremo. Uma vez que a verdadeira justiça exige que o homem, esta criatura aparentemente insignificante seja recompensada e punida, não de acordo com a sua pequenez, mas em acordo com a magnitude de seu crime, a importância de sua natureza e a grandeza de sua função. Uma vez que este passageiro e transitório mundo está longe de manifestar tal sabedoria e justiça para o homem, que é criado para a eternidade, por necessidade, haverá um Inferno eterno e Paraíso eterno do Justo e Impressionante Possuidor da beleza, Aquele Possuidor de Sabedoria e Bela Admiração.

QUARTA VERDADE

A Porta da Generosidade e da Beleza, A Manifestação dos Nomes do Generoso e Belo

Seria possível que a infinita generosidade e liberalidade, as riquezas inesgotáveis, dos tesouros sem fim, a beleza inigualável e eterna, a perfeição impecável e perene, não exigiriam a existência de suplicantes gratos, espectadores ansiosos e atônitos, todos destinados a ficar uma eternidade em uma morada de felicidade, um lugar de repouso? Sim, adornando a face do mundo com todos esses objetos de beleza, criando a lua e o sol, as suas lâmpadas, preenchendo a superfície da terra com as melhores variedades de sustento e tornando-se assim um banquete de recompensa, fazendo árvores frutíferas em tantos pratos, e renovando-as várias vezes em cada época - tudo isso mostra a existência de infinita generosidade e liberalidade. Tal liberalidade e generosidade sem fim, tais tesouros inesgotáveis de misericórdia, requerem a existência de uma morada de repouso, um lugar de bem-aventurança, que será eterno e conterá todos os objetos desejáveis. Eles também exigem que aqueles que apreciam tal felicidade devem permanecer nessa morada de repouso eternamente, sem sofrer a dor do abandono e da separação. Pois, assim como a cessação da dor é uma forma de prazer, assim também a cessação do prazer é uma forma de dor, que tal generosidade infinita não está disposta a tolerar. Requer, então, a existência tanto de um Paraíso eterno e de suplicantes para habitá-lo eternamente.

A infinita generosidade e liberalidade desejam outorgar infinita munificência e infinita bondade. A outorga da infinita bondade e infinita munificência exige, por sua vez, infinita gratidão. Isto implica a existência permanente de quem recebe todo o carinho para que possa demonstrar seu agradecimento e gratidão pela graça da outorga constante e perpétua. Um prazer mesquinho feito amargo por cessação, e com duração de apenas um breve período de tempo, não é compatível com as exigências da generosidade e liberalidade.

Olhe também para as diferentes regiões do mundo, cada uma como uma exposição onde os artesanatos de Allah são exibidos.

Preste atenção às proclamações divinas nas mãos de todas as plantas e animais na face da Terra[NOTA 1] e ouça os profetas e os santos, os arautos das belezas da divindade. Eles mostram, por unanimidade, as impecáveis perfeições do Criador Glorioso, demonstrando Suas artes milagrosas e, assim, convidam os olhares dos homens.

O Criador do mundo tem, então, as mais importantes, surpreendentes e secretas perfeições. É isso que Ele deseja mostrar, por meio de Suas artes milagrosas. Uma vez que a secreta e impecável perfeição quer se manifestar para aqueles que irão apreciar e olhar para ela com admiração. A perfeição eterna exige manifestação eterna. Tal manifestação eterna por sua vez, requer a existência permanente de quem está a apreciar e admirar. O valor da perfeição sempre diminuirá na visão de seu admirador se ele é desprovido de perpétua existência.[NOTA 2] Novamente, ó criaturas artísticas, brilhantes e formosamente adornadas, que cobrem a face do globo, dão testemunho da justiça de uma inigualável beleza transcendente, e indicam os encantos sutis de uma incomparável formosura escondida, assim como a luz solar testemunha o sol.[NOTA 3] Cada manifestação desse sagrado, da beleza transcendente, indica a existência de inúmeros tesouros escondidos em cada um dos nomes de Allah. Agora, uma beleza tão exaltada, incomparável e escondida, assim como deseja ver a sua própria justiça em um espelho e contemplar os graus e medidas de sua beleza em um reflexo animado,

---

NOTA 1: A existência de uma flor brilhantemente concebida e brilhantemente adornada, a fruta mais artisticamente concebida e adornada em um galho tão fino quanto um fio, aposta, um tronco de árvore seco - este é, sem dúvida, uma proclamação a todos os seres animados das artes plásticas produzido por um fabricante mais habilidoso, sábio e milagroso. Isso vale não só do reino vegetal, mas também do reino animal.

NOTA 2: Há uma ocorrência proverbial referente a este ponto. Uma beleza celebrada uma vez expulsou de sua presença um homem comum que se apaixonou por ela. A fim de consolar-se, disse ele: "Como ela é feia!" Negando assim a sua beleza. Uma vez um urso estava embaixo de uma latada de vinha, e desejava comer as uvas. Mas ele não foi capaz de alcançar as uvas, ou subir na treliça. Então, ele disse para si mesmo, como consolo: "As uvas devem estar azedas", e rosnando seguiu o seu caminho.

NOTA 3: Apesar de todos os seres que funcionam como espelhos para a beleza de Allah constantemente desvanecem e desaparecem, aqueles que lhes sucedem mostram e manifestam em suas formas e características a mesma beleza e justiça. Isso mostra que a beleza em questão não pertence a eles; os casos visíveis de beleza são antes os sinais e as indicações de uma beleza transcendente e sagrada.

quer também se manifestar, a fim de olhar para a sua própria beleza pelos olhos dos outros. Ou seja, ela quer olhar para a sua própria beleza de duas maneiras: em primeiro lugar, contemplando-se em espelhos de variadas cores, em segundo lugar, com o olhar de desejo de testemunhas para si mesmo, de admiradores perplexos de sua beleza.

Em suma, a beleza e a justiça desejam ver e serem vistas. Ambas exigem a existência de ansiosas testemunhas e admiradores perplexos. E já que a beleza e a justiça são eternas e sem fim, suas testemunhas e admiradores devem ter vida eterna, Uma vez que a beleza eterna nunca pode estar satisfeita com admiradores transitórios. Portanto, o admirador condenado à separação irreversível encontrará seu amor transformado em inimizade, uma vez que imagina a separação. Sua admiração se transformará no ridículo, seu respeito, no desprezo. Pois, assim como o obstinado é inimigo do que desconhece, ele também se opõe a tudo o que está além de seu alcance, e ama o que não é infinito responderá a uma beleza que merece admiração sem fim à inimizade implícita, ódio e rejeição. A partir disso, entendemos a razão profunda da inimizade do incrédulo a Allah.

Então, infinita generosidade e liberalidade, justiça e inigualável beleza, perfeição impecável exigem a existência do suplicante eternamente grato, a continuidade dos saudosos e admiradores, vemos nesta hospedaria do mundo da qual todos rapidamente saem e desaparecem, sem desfrutarem do benefício daquela generosidade, além do suficiente para aguçar o apetite, mas não para saciá-lo, de ter visto apenas uma luz tênue vinda da perfeição, ou melhor, uma tênue sombra de sua luz, sem de modo algum ficar totalmente satisfeito. Segue-se, então, que os homens estão indo em direção a um lugar de alegria eterna.

Em suma, tal como este mundo, com todas as suas criaturas, de forma decisiva, demonstra a existência do Criador Glorioso, assim também fazem seus atributos e nomes sagrados: indicam, mostram e, logicamente, exigem, a existência de vida após a morte.

QUINTA VERDADE

A Porta da Compaixão e da Adoração de Mohammad (Allah o abençoe e lhe dê paz), A Manifestação dos Nomes de Quem Atende as Preces e é Clemente.

Seria possível que Allah Que possui infinita compaixão e misericórdia, Que cumpre mais compassivamente a menor necessidade de Suas criaturas mais humildes da forma mais inesperada, Quem considera o apelo abafado por ajuda da Sua criatura mais obscura, e que responde a todas as petições que Ele ouve, seja vocais ou mudas - seria possível que tal Senhor não atente para a maior petição do primeiro entre os Seus servos, o mais amado entre as Suas criaturas, que Ele não ouviria e atenderia à sua mais exaltada prece? A bondade e a facilidade manifestada na alimentação e nutrição de animais fracos e de jovens mostram que o Monarca do cosmos exerce Sua Divindade com infinita misericórdia.

Seria possível que a compaixão misericordiosa a este grau no exercício de divindade não aceite a prece dos mais virtuosos e belos de toda a criação.[NOTA] Essa verdade é explicada na Décima Nona Palavra, mas vamos repetir a nossa declaração sobre o assunto aqui.

Ó amigo, ouça estas palavras, juntamente com a minha própria alma! Dissemos a comparação que uma reunião teve lugar em uma determinada ilha, e um comandante nobre fez um discurso lá. A fim

---

NOTA: Aquele cujo reino durou 1350 anos, que geralmente tinha mais de 350 milhões de assuntos, a quem seus súditos diariamente renovam a sua promessa de fidelidade e cujas perfeições eles continuamente dão testemunho, cujos comandos são obedecidos em perfeita submissão, cuja tonalidade espiritual tem colorido metade do globo e um quinto da humanidade, que é o amado dos corações dos homens e educador de seus espíritos – tal ser é sem dúvida o maior servo do Senhor, Que reina sobre o universo. Além disso, como a maioria dos reinos de seres aplaudiram a função do ser e do dever através de cada controle do fruto de seus milagres, ele é com certeza a criatura mais amada do Formador do cosmos. Da mesma forma, o desejo de perpetuidade existente em todos os homens, em virtude de sua própria natureza, um desejo que eleva os homens do ponto mais baixo para o ponto mais alto, é o maior de todos os desejos e petições, apto a ser apresentado ao Provedor de todas as necessidades somente pelo maior dentre os Seus servos.

de descobrir a verdade indicada na comparação, venha, vamos nos afastar desta idade, e em nossa mente e imaginação viajar para a Península Arábica na época abençoada do Profeta, a fim de visita-lo e vê-lo enquanto ele está exercendo as suas funções e se engajando em adoração. Veja, assim como ele é o meio para a obtenção da bem-aventurança eterna, por meio de sua mensagem e orientação, também é a causa para a existência dessa felicidade e os meios para a criação do Paraíso, com sua adoração e súplica.

Agora veja! Aquele ser está orando por bem-aventurança eterna em tal súplica suprema, com tal adoração sublime, que é como se essa ilha, ou mesmo todo o mundo, estivessem orando e suplicando junto com ele. Uma vez que a adoração que ele executa contém em si não só o culto da comunidade que o segue, mas também a de todos os outros profetas, em sua forma essencial, em virtude da correspondência existente entre ele e eles. Além disso, ele executa sua suprema oração e oferece suas súplicas em uma vasta congregação, de tal forma que é como se todos os homens luminosos e perfeitos, desde o tempo de Adão até o presente, fossem segui-lo em oração e dizer "amém" a suas súplicas![NOTA] Veja, ele está orando por uma necessidade tão universal - a imortalidade -, que não apenas os povos da terra, mas também os habitantes dos céus e a totalidade da criação estão participando de suas súplicas e, silenciosamente, proclamando: "Sim, ó Senhor! Concede a sua súplica; nós também a desejamos". Veja, ele faz petições por eterna felicidade com tanta

---

NOTA: A partir do momento que o Profeta (Allah o abençoe e lhe dê paz) fez sua primeira súplica até o momento, todas as invocações e as bênçãos feitas por sua comunidade são uma espécie de eterno amém para sua oração, uma forma de participação universal na mesma. Cada invocação de paz e bênçãos sobre ele por todos os membros da comunidade muçulmana no curso de sua oração, bem como a prece por ele proferida após a segunda chamada para a oração de acordo com a escola Cháfi'i - este também é um poderoso e universal amém à sua súplica para a felicidade eterna. Assim, a eternidade e a eterna felicidade desejada por todos os homens com toda a sua força, de acordo com a sua disposição primordial, é solicitada em nome da humanidade pelo Profeta (Allah o abençoe e lhe dê paz), e o segmento luminoso do homem diz: "amém" após ele. É de todo possível que tal prece não deva ser atendida?

tristeza comovente, com tal ânsia, com tanto desejo, e pleiteando uma forma, que faz com que o conjunto do cosmos chore e, assim, compartilhe de sua oração.

Veja, ele deseja a felicidade e suplica por ela, para tal finalidade e objetivo que eleva o homem e todas as criaturas do cativeiro no estado abismal de aniquilação total, a partir da indignidade, inutilidade e sem propósito ao ápice da preciosidade, eternidade, função exaltada, e o posto de ser um roteiro escrito por Allah.

Veja, ele faz a sua petição com tal apelo elevado de socorro, faz a sua súplica com tão doce pedido de misericórdia, como se ele fizesse todos os seres, os céus e o Próprio trono de Allah para ouvir e ecoar a sua oração em êxtase com gritos de "amém, ó Senhor, amém!"[NOTA]

Veja, ele pede felicidade e eternidade de um Ser, Oniouvinte, Generoso e Poderoso, então Que Tudo Vê, é Clemente e Onisciente,

---

NOTA: Na verdade, não é de todo possível que o Mestre deste mundo, Cuja totalidade das obras é evidentemente inspirada pela consciência, pelo conhecimento e pela sabedoria, fosse inconsciente e desinformado dos atos em primeiro lugar entre todas as Suas criaturas. Novamente, não é de todo possível que o Mestre Onisciente permaneça indiferente às ações e orações em primeiro lugar entre as Suas criaturas, e considerá-las sem importância, apesar de estar ciente delas. Além disso, é impossível que o Poderoso e Misericordioso Mestre do Mundo não aceite suas orações, sem permanecer indiferente a eles. Sim, através da luz de Mohammad (Allah o abençoe e lhe dê paz) a forma do mundo mudou. A verdadeira essência do homem e todos os seres do cosmos tornaram-se evidentes através dessa luz, tornou-se claro que elas são missivas do Um Eternamente suplicado, proclamando os Nomes Divinos, seres preciosos e profundos com funções dadas por Allah e destinadas a manifestar a eternidade. Se não fosse por essa luz, os seres seriam condenados à aniquilação total, seriam sem valor, sem sentido, inúteis, confusos, o resultado do acaso cego, mergulhados na escuridão da ilusão. É por esta razão que, assim como os homens dizem "amém" à oração do Profeta (Allah o abençoe e lhe dê paz), assim também todos os outros seres, da face da terra até o trono de Allah, a partir do solo para as estrelas, todos têm orgulho na sua luz, e proclamam a sua conexão com ele. O próprio espírito da adoração do Profeta é, na verdade, ninguém menos que esta oração. Mais uma vez, todos os movimentos e funcionamento do cosmos são na sua essência oração. Por exemplo, o progresso de uma semente até que se torne uma árvore é uma forma de oração ao Criador.

Que vê, ouve, aceita, tem piedade do mais secreto desejo, o menor desejo do mais obscuro de Suas criaturas, isso, de forma observável. Ele responde a todos os pedidos, mesmo se forem proferidos em silêncio. Ele dá todas as coisas e todas as respostas fundamentais, todos os pedidos de forma tão sábia, perceptiva e clemente que, sem dúvida recorda que tudo o que nutre e regula deriva apenas de um Oniouvinte e Tudo Vê, Um Generoso e Misericordioso.

Vamos ouvir o que o Orgulho de Todos os Seres está solicitando. Essa fonte de honra para toda a humanidade, que é único em toda a criação, que carrega nas costas o peso de todos os homens, que de pé sobre esta terra levanta as mãos para o Trono de Allah e oferece uma oração que na sua realidade contém a essência da adoração de toda a humanidade. Veja, ele está pedindo a felicidade eterna para si e para sua comunidade. Ele está pedindo a eternidade e o Paraíso. Ele está fazendo o seu apelo, juntamente com todos os nomes sagrados Divinos que exibem sua beleza nos espelhos de todos os seres criados. Você pode ver, na verdade, que ele está buscando a intercessão desses nomes.

Se não houvesse inúmeras razões e causas para a existência da vida após a morte, uma única prece daquele nobre Profeta seria suficiente para a criação do Paraíso, uma tarefa tão fácil para o poder do Criador Misericordioso como a criação da primavera.[NOTA]

De fato, como poderia a criação do Paraíso ser difícil para o Possuidor Absoluto, Que a cada primavera torna a face da terra em uma planície de ressurreição, e traz à tona centenas de milhares de exemplos de ressurreição? Da mesma forma que a Mensagem do Profeta foi a razão para a criação deste reino de prova - o dizer que [3]

NOTA: Uma vez que exibir amostras maravilhosas de arte, e exemplos da ressurreição sobre a face da terra, que, em comparação com a Outra Vida é como uma página pequena, inscreve e inclui nessa única página, em perfeita ordem, todas as diferentes espécies de criação, que se assemelham a trezentos mil livros separados, é certamente mais difícil do que construir e criar a estrutura delicada e simétrica do Paraíso, no amplo campo da eternidade. Na verdade, pode-se dizer que em qualquer grau, o Paraíso é mais elevado do que a da primavera, que o grau da criação dos jardins de primavera é mais difícil e mais maravilhoso do que a criação do Paraíso.

لَوْلاَكَ لَوْلاَكَ لَمَا خَلَقْتُ الْاَفْلاَكَ , sendo uma indicação disso, assim também o culto que ele praticou foi a causa da criação da morada da bem-aventurança.

Seria possível que a perfeição impecável de arte, a beleza inigualável de divindade expressa na ordem do mundo e na misericórdia abrangente que reduz tudo a confusão, não atender à sua prece e, portanto, tolerar uma forma extrema de fealdade, crueldade e desordem? É possível que Quem ouve os desejos mais mesquinhos e insignificantes e os atende, considere os desejos significativos e importantes sem valor, e não atendê-los? Não, mil vezes não! Tal beleza nunca pode aceitar tal feiura e tornar-se feia.[NOTA] Assim como o Profeta (Allah o abençoe e lhe dê paz) abriu as portas desse mundo com sua Mensagem, ele abre as portas da vida após a morte com a sua adoração.

عَلَيْهِ صَلَوَاتُ الرَّحْمنِ مِلْءَ الدُّنْيَا وَ دَارِ الْجِنَانِ ۞ اَللّٰهُمَّ صَلِّ وَ سَلِّمْ عَلَى
عَبْدِكَ وَ رَسُولِكَ ذلِكَ الْحَبِيبُ الَّذِى هُوَ سَيِّدُ الْكَوْنَيْنِ وَ فَخْرُ الْعَالَمِيْنِ وَ
حَيَاتُ الدَّارَيْنِ وَ وَسِيلَةُ السَّعَادَتَيْنِ وَ ذُو الْجَنَاحَيْنِ وَ رَسُولُ الثَّقَلَيْنِ وَ عَلَى
آلِهِ وَ صَحْبِهِ اَجْمَعِينَ وَ عَلَى اِخْوَانِهِ مِنَ النَّبِيِّينَ وَ الْمُرْسَلِينَ آمِينَ[4]

NOTA: É acordado, por unanimidade, que a inversão total das verdades é impossível. É completamente impossível que algo deve tornar-se o oposto e reverso de si mesmo, e é impossível o grau milésimo de que algo deve manter a sua própria natureza, e ao mesmo tempo tornar-se idêntico com seu oposto. Assim, a infinita beleza não pode se tornar feiura, enquanto ainda permanece beleza e, no nosso exemplo, não é possível que a beleza da divindade, uma beleza perceptível e manifesta na sua existência, deve manter a sua equidade como a beleza da divindade, mas tornar-se a própria essência da feiura. Esta seria a mais estranha de todas as noções impossíveis e falsas do mundo.

SEXTA VERDADE

A Porta do Esplendor e da Eternidade,
A Manifestação dos Nomes do Glorioso e Eterno

Seria possível que o esplendor da Divindade que subjuga e comanda todos os seres, de sóis e árvores até as partículas, como soldados obedientes, devendo estes concentrar toda a sua atenção sobre os seres infelizes e transitórios que passam uma vida temporária na hospedaria deste mundo, não criar uma esfera eterna e gloriosa, uma manifestação interminável de Divindade? A exibição do esplendor divino na mudança das estações do ano, os movimentos dos planetas nos céus sublimes como se fossem aviões, a subjugação de todas as coisas e a criação da terra como berço do homem e do sol como sua lâmpada, grandes transformações como a revitalização e adorno do mundo morto e seco - tudo isso mostra que por trás do véu de uma divindade sublime existe uma esplêndida monarquia que está em ação.

Agora, tal reino dominical requer sujeitos dignos de si, bem como um modo apropriado de manifestação. Mas olhe para esta hospedaria do mundo, e você verá que a classe mais significativa dos seus sujeitos, dotada com a mais abrangente das funções, está reunida apenas temporariamente e no mais miserável dos estados. A hospedaria se enche e se esvazia cada dia. Todos os indivíduos permanecem apenas temporariamente nesta morada de provação para serem testados em ação. A própria morada muda a cada hora. Mais uma vez, todos os indivíduos do monarca ficam apenas por alguns breves minutos, a fim de contemplar as amostras da preciosa graça do Criador Glorioso, a olhar para as Suas obras miraculosas de arte na exposição do mundo com os olhos de um comprador. Em seguida, eles desaparecem. A exposição em si muda a cada minuto. Quem a deixa, nunca mais volta, e quem vem a ela, em última análise, afasta-se.

Este estado e circunstância definitivamente mostram que por trás e além dessa hospedaria, deste teste de campo, desta exposição, há palácios permanentes e moradas eternas que se manifestam plenamente e apoiam a soberania eterna de Allah, há jardins e casas de tesouro, cheios de puros e exaltados originais formulários e cópias que vemos neste mundo. Se nós nos esforçamos aqui neste mundo, é por causa do que nos espera lá. Nós trabalhamos aqui e somos recompensados lá. A bênção espera por todos lá, de acordo com sua capacidade, contanto que não desperdicem a sua parte. Sim, é impossível que esse reinado eterno concentre-se exclusivamente sobre esses seres transitórios miseráveis.

Considere esta verdade com o telescópio da seguinte comparação. Você está viajando ao longo de uma estrada. Vê uma hospedaria a sua frente, construída por um grande personagem para as pessoas que venham visitá-lo. Milhões são gastos com a decoração da hospedaria para que os hóspedes desfrutem de sua estadia de uma noite, e para instrução deles. Mas os convidados veem muito pouco daquelas decorações, olham-nas por um tempo muito curto; provando brevemente as alegrias do que lhes é oferecido, eles seguem o caminho sem se saciarem. Mas cada convidado tira uma fotografia dos objetos na estalagem, com câmera especial. Além disso, os servos do grande personagem registram com grande cuidado a conduta de todos os convidados e preservam o registro. Você vê, também, que ele destrói cada dia a maior parte das valiosas decorações, e as substitui com decorações frescas para os hóspedes recém-chegados. Depois de ver tudo isso, ficaria qualquer dúvida de que o personagem, que construiu esta estalagem, tem habitações permanentes e exaltadas, tesouros inesgotáveis e preciosos, um fluxo ininterrupto de grande generosidade? Com a generosidade exibida na hospedaria, ele pretende apenas aguçar o apetite dos seus convidados para as coisas que ele mantém em sua presença imediata, para despertar o seu desejo pelos presentes que ele tem preparado para eles. Assim também, se você olhar para o estado da hospedaria deste mundo sem cair na bebedeira, você entenderá os seguintes nove princípios:

• **Primeiro Princípio**: Você entenderá que esse mundo não existe por si mesmo, mais do que a hospedaria. É impossível que ele deva assumir esta forma por si só. Pelo contrário, é uma hospedaria bem construída, sabiamente concebida para receber a caravana de pessoas que constantemente chegam a pousar antes de partir novamente.

• **Segundo Princípio**: Você entenderá, também, que aqueles que vivem dentro desta hospedaria são convidados. Eles são convidados pelo seu Sustentador Generoso para a Morada da Paz.

• **Terceiro Princípio**: Você saberá, ainda, que os adornos deste mundo não são simplesmente por uma questão de prazer ou admiração. A fim de se produzir prazer por um tempo, eles causam dor por mais tempo com a sua cessação. Eles dão-lhe um sabor e estimulam o apetite, mas nunca o saciam. Para tanto a vida do prazer é curta, ou a sua vida é curta, muito curta para que você possa ficar saciado. Estes adornos de alto valor e duração breve devem, então, ser por causa de instrução em sabedoria,[NOTA 1] para despertar a gratidão, e para incentivar os homens a procurar os originais perpétuos de que são cópias. Eles são, então, para outros objetivos exaltados além de si mesmos.

• **Quarto Princípio**: Vocêentenderá também que os adornos deste mundo[NOTA 2] são como amostras e formas das bênçãos

---

NOTA 1: Ora, o tempo de vida de tudo é curto, embora o seu valor é alto e as sutilezas de sua arte são mais exaltadas e bonitas. Isto implica que tudo é apenas uma amostra, uma forma de outra coisa, que tem a função de atrair o olhar do cliente para o objeto autêntico e original. Sendo este o caso, pode-se dizer que os adornos variados deste mundo são as amostras das bênçãos do Paraíso, preparados pelo Clemente e Misericordioso para Seus amados servos.

NOTA 2: Existem inúmeros propósitos para a existência de tudo, e numerosos fluxos resultantes de seu ser. Estes não estão restritos a este mundo e para as almas dos homens, como o povo de desorientação imagina, sendo assim, perdidos na vaidade e sem propósito. Pelo contrário, os efeitos para a existência e os resultados das vidas de todas as coisas se relacionam com as seguintes três categorias:

A primeira e a mais exaltada pertence ao Criador. Trata-se de apresentar ao olhar da Pré-Eterna Testemunha os maravilhosos e milagrosos adornos que Ele fixou no objeto em questão, como se estivesse em um desfile militar. Viver por um segundo fugaz é suficiente para atingir esse olhar. De fato, a potencialidade e a intenção de existência são suficientes, sem nunca emergir para a vida. Este propósito é plenamente realizado, por exemplo, por criaturas delicadas que desaparecem armazenadas no Paraíso pela misericórdia do Clemente para as pessoas de fé.

---

rapidamente e por sementes e amêndoas, cada uma constituindo em obra de arte, que nunca chegam à vida, ou seja, nunca dão frutos ou flores. Todos eles permanecem intocados pela vaidade e pelo propósito. Assim, o primeiro fim de todas as coisas é proclamar, por meio de sua vida e existência, os milagres de poder e os traços da arte do Criador e exibi-las para o olhar do monarca Glorioso.

A segunda categoria de toda a existência e o resultado de todo o ser pertence à criação consciente. Tudo é como uma missiva exibindo a verdade, um poema artístico, ou uma palavra sábia do Criador Glorioso, oferecida para o olhar de anjos e gênios, de homens e animais, e desejando ser lida por eles. É um objeto de contemplação e instrução de todo ser consciente que procuram por ele.

A terceira categoria de toda a existência e o resultado de todo o ser pertence à alma da própria coisa, e consiste de tais consequências menores como a experiência de prazer e alegria, de viver com algum grau de permanência e conforto. Se considerarmos o propósito de um servo contratado como piloto em um navio real, vemos que apenas um centésimo desse propósito se relaciona com o próprio timoneiro, o salário que ele recebe; noventa e nove centésimos da finalidade relacionada com o rei que possui o navio. Uma relação similar existe entre o propósito de uma coisa relacionada ao seu próprio ego e sua existência terrena, e sua finalidade relacionada ao seu Criador. À luz desta multiplicidade de propósitos, podemos agora explicar a compatibilidade definitiva entre a sabedoria divina e a economia por um lado, e a liberalidade divina e a generosidade, de fato, infinita generosidade, por outro lado, embora eles parecem ser opostos e contraditórios. Nos fins individuais das coisas, a liberalidade e generosidade predominam, e o nome do mais generoso se manifestado ponto de vista dos propósitos individuais, frutas e grãos são realmente incalculáveis, e demonstram generosidade infinita. Mas, em fins universais, a sabedoria predominante, e o nome do Todo-Sábio são manifestados. No entanto, muitos efeitos de uma árvore que, cada um dos seus frutos contém muitas finalidades, e estes podem ser divididos em três categorias que tenham estabelecido. Os efeitos universais demonstram uma infinita sabedoria e economia. Infinita sabedoria e infinita generosidade e liberalidade são assim combinados, apesar de sua aparente oposição. Por exemplo, um dos fins para levantar um exército é a manutenção da ordem. O que quer que as tropas estejam disponíveis para o efeito será suficiente ou ser mais do que suficiente. Mas o exército inteiro será apenas o suficiente para outros fins, tais como a proteção das fronteiras nacionais e repelir os inimigos; seu tamanho estará em perfeito equilíbrio com a completa sabedoria. Assim, a sabedoria do estado será acrescida ao seu esplendor, e pode ser dito que não há excesso no exército.

• **Quinto Princípio**: Você saberá que todos esses objetos transitórios não foram criados por causa de aniquilação, a fim de aparecerem brevemente e, em seguida, desaparecerem. A finalidade para a sua criação é bastante curta para ser montada na existência e adquirir as formas desejadas, de modo que estas possam ser observadas, as imagens preservadas, os seus significados conhecidos, e os seus resultados registrados. Isso é para que, por exemplo, os óculos eternos possam ser feitos para o povo de toda a eternidade, e que possam servir a outras finalidades no campo da eternidade. Entenderá, ainda, que as coisas foram criadas para a eternidade, não para a aniquilação, e que a aniquilação aparente, tem o sentido de uma conclusão de dever e de uma liberação do serviço, para cada coisa transitória que avança para a aniquilação com um aspecto, mas permanece eternamente com vários outros aspectos.

Olhe, por exemplo, para a flor, uma palavra do poder de Allah, por um curto período de tempo ela sorri e olha para nós, e depois se esconde por trás do véu da aniquilação. Ela sai como uma palavra sai de sua boca. Mas faz isso entregando milhares de seus companheiros para os ouvidos dos homens. Ela deixa para trás significados na mente dos homens, numerosos como as mentes. A flor, também, expressa o seu significado e cumpre assim a sua função, vai e sai. Mas vai deixar a sua forma aparente na memória de tudo o que vê, a sua essência interior de cada semente.

É como se cada memória e cada semente fosse uma câmera para registrar o adorno da flor, ou um meio para a sua perpetuação. Se esse é o caso com um objeto no nível mais simples da vida, pode ser facilmente entendido como o homem está intimamente ligado à eternidade, a mais elevada forma de vida e possuidor de uma alma eterna. Mais uma vez, a partir do fato de que as leis - cada um se assemelha a um espírito -, segundo as quais grande floração e plantas frutíferas são formadas e as representações de suas formas são preservadas e perpetuadas de forma mais regular em pequenas sementes ao longo de mudanças tempestuosas - a partir deste fato pode ser facilmente entendido como o espírito do homem está intimamente ligado e relacionado à eternidade, que possui uma natureza extremamente exaltada e abrangente, e que, embora revestida de um corpo, é uma lei consciente e luminosa emitida da ordem divina.

• **Sexto Princípio**: Você também entenderá que o homem não foi deixado para fazer o que quiser com uma corda frouxamente amarrada ao redor do pescoço, ao contrário, as formas de todos os seus atos são gravadas e registradas, e os resultados de todos os seus atos são preservados para o dia em que ele for chamado a prestar contas.

• **Sétimo Princípio**: Você saberá, ainda, que a destruição que visita as belas criaturas do verão e da primavera, no outono não é por causa da aniquilação. Em vez disso, é uma forma de dispensa após a conclusão do serviço.[NOTA] É também uma forma de esvaziamento, a fim de abrir espaço para a nova criação para entrar na primavera seguinte, uma preparação do terreno para se tornarem seres prontos que devem vir e assumir as suas funções. Finalmente, é uma forma de aviso divino para seres conscientes para despertarem a partir do abandono que os leva a esquecer os seus deveres, cujo torpor de bêbados faz com que se esqueçam de sua obrigação de oferecer agradecimentos.

• **Oitavo Princípio**: Você entenderá isso, também, que o Criador eterno deste mundo transitório tem outro mundo; eterno, é para isso que ele pede e estimula os seus servos.

NOTA: Sim, é justo que os frutos, flores e folhas nas pontas e galhos de uma árvore, provenientes dos tesouros de subsistência fornecidos pela misericórdia divina, devem sair quando eles se tornam velhos e seus deveres estão no fim. Caso contrário, a porta permanecerá fechada para aqueles que vêm depois deles, e uma barreira será erguido contra a expansão da misericórdia de Allah e os serviços a serem executados por seus irmãos (ou seja, os outros membros da espécie). Além disso, com o passar dos jovens, eles vão se tornar infelizes e perturbados. A primavera é como uma árvore frutífera que por sua vez é uma indicação da planície da ressurreição. Da mesma forma, o mundo da humanidade em todas as épocas, é como uma árvore convidativa à contemplação, e o mundo como um todo é como uma árvore surpreendente cujos frutos são despachados para o mercado futuro.

• **Nono Princípio**: Você vai entender, também, que um Ser tão Compassivo concederá a Seus servos escolhidos no mundo presentes como olho nenhum jamais viu, ouvido nenhum ouviu falar, nem sua imagem atravessou o coração de qualquer pessoa.[5] Nisto acreditamos.

SÉTIMA VERDADE

A Porta da Proteção e da Preservação,
A Manifestação dos Nomes do Preservador e Guardião

Será possível que o atributo de Preservador de Allah, Que protege todas as coisas com a máxima ordem e o máximo equilíbrio, - coisas nos céus e na terra, na terra firme e no mar, secos e molhados, grandes e pequenos, locais comuns e exaltados - e por assim dizer, peneira seus resultados por meio de contabilidade.

Será possível que este atributo irá permitir que as ações e os atos do ser humano, a quem foi dada a disposição sublime da humanidade, a classificação de legatário supremo, e o dever de se encarregar da Confiança Suprema, para não ser gravado, para não ser passado pelo crivo da contabilidade, para não ser pesado na balança da justiça, para não ser punido ou recompensado apropriadamente, embora seus atos e ações de perto digam respeito à divindade universal de Allah? Não, não é de qualquer maneira possível!

Sim, o Ser que administra este cosmos preserva todas as coisas em ordem e equilíbrio. A ordem e o equilíbrio são a manifestação do conhecimento e da sabedoria, da vontade e do poder. Por isso, vemos a substância de cada objeto criada é moldada em forma bem ordenada e simétrica. Não é só cada uma das formas que muda ao longo de sua vida bem ordenada, mas a totalidade delas também é marcada pela mesma ordem. Vemos, também, que o Preservador Glorioso preserva muitas formas de todas as coisas na vida que chega ao fim quando elas realizam sua função e partem do mundo manifesto, nas memórias dos homens, que são como uma espécie de Tábua preservada,[NOTA] ou em forma de espelho arquetípico. Ele também escreve e inscreve uma breve história de sua vida em uma semente, que é como o resultado e

NOTA: Ver a nota de rodapé para o sétimo aspecto acima.

a consequência de tudo. Assim, Ele faz com que todas as coisas sejam preservadas nos espelhos pertencentes a ambos os mundos, exterior e interior. Por exemplo, a memória do homem, o fruto da árvore, o caroço do fruto, a semente da flor - tudo isso demonstra a universalidade e integralidade da lei de preservação.

Você não vê que todas as flores e os frutos da vasta primavera, os registros de seus feitos em formulário apropriado, as leis de sua formação, e as imagens de suas formas, estão todos inscritos no espaço finito de uma semente diminuta e estão lá preservados? Na primavera seguinte, o seu registro de obras é estabelecido, em uma forma de contabilidade apropriada a ele, e outro vasto mundo da primavera é produzida, com o máximo de ordem e sabedoria. Isso demonstra com que abrangência poderosa o atributo preservador de Allah se exercita. Considerando que os resultados de tais coisas transitórias, locais comuns, temporários e insignificantes são preservados, será possível que os atos dos homens, que produzem frutos importantes no mundo do invisível, o mundo do além, e o mundo dos espíritos, do ponto de vista da divindade universal, será possível que não devem ser guardados e preservados, não devem ser contabilizados como uma questão de importância? Não, de maneira nenhuma!

Sim, a partir dessa manifestação do atributo de Allah de Preservador, pode-se deduzido que o Mestre de toda a criação dedica grande atenção à ordem de todas as coisas que passam no Seu reino. Ele presta muita atenção à função da soberania, e dedica extremo cuidado à divindade da realeza. Assim, Ele registra, ou grava o mais insignificante dos acontecimentos, o menor dos atos, e preserva em inúmeras coisas a forma de tudo o que acontece em Seu reino. Este atributo de Preservador indica que um importante registro dos atos será submetido a um exame preciso e pesagem: os registros das ações dos homens se revelarão.

Agora será possível que o homem seja enobrecido com a legatariedade e a Confiança de Allah, que, como testemunha da universalidade da divindade, ele deve proclamar a unicidade de Allah no reino da multiplicidade e, assim, agir como controlador e testemunha por ter alguma participação na glorificação de Allah e do culto da maioria dos seres - será possível que ele possa fazer tudo isso e depois ir para o túmulo e dormir em paz, sem nunca ser despertado, sem nunca ser questionado sobre seus atos pequenos e grandes? Que ele não irá para a planície da ressurreição e será julgado no Supremo Tribunal? Não, de maneira nenhuma!

Ou é possível que o homem fuja e se esconda na aniquilação, que ele entre na terra e se esconda do Poderoso e Glorioso Cujo Poder sobre todas as contingências, no futuro,[NOTA] as ocorrências do

---

NOTA: A totalidade do passado, que se estende desde o presente de volta para o início da criação, consiste em ocorrências. A cada dia, ano e século que surgiu é como uma linha, uma página de um livro, escrito pela pena do destino, a mão do poder de Allah inscreveu Seus sinais miraculosos lá com a máxima sabedoria e ordem.

Da mesma forma, o tempo desde o presente até a ressurreição, o Paraíso e a eternidade, consiste inteiramente de contingências. O passado é composto de ocorrências, o futuro de contingências. Agora, se estas duas cadeias de tempo forem comparadas umas com as outras, isso será visto ser verdade com certeza que o Ser Que criou ontem e trouxe à existência as criaturas peculiares a ele, é capaz, também, de criar o hoje em conjunto com as suas criaturas. Novamente, não há dúvida de que os seres e as maravilhas da época passada, aquela exibição maravilhosa, são as obras milagrosas de um Poderoso e Glorioso. Eles dão testemunho decisivo que esse Poderoso é capaz de criar tudo do futuro e suas contingências, e manifestar todas as suas maravilhas.

Sim, quem cria uma maçã deve com certeza ser capaz de criar todas as maçãs do mundo e fazer a primavera acontecer. Por outro lado, aquele que não pode criar uma primavera não pode criar uma única maçã também, uma vez que a maçã é feita na mesma bancada. Mas o que faz a maçã pode fazer a primavera. Cada maçã é um exemplo em miniatura de uma árvore, até mesmo de um jardim ou de um cosmos. A semente da maçã que carrega dentro de si a história de vida da imensa árvore é, do ponto de vista da arte, como um milagre que aquele que cria, portanto, é incapaz de nada. Assim também, o que cria hoje também é capaz de criar o dia da ressurreição, e é o único capaz de criar a primavera, é capaz, também, de criar a ressurreição. Aquele que afixa todos os mundos do passado à fita do tempo e os exibe lá em extrema sabedoria e ordem, é, sem dúvida, capaz de prender os outros seres à fita do futuro e exibi-los lá. Em várias Palavras, particularmente da Vigésima Segunda Palavra, provamos com certeza absoluta que: "Aquele que não pode criar tudo não pode criar nada, e aquele que pode formar uma coisa, pode formar tudo. Além disso, se a criação de tudo é confiada a um único ser, a criação de todas as coisas, torna-se

passado, cada milagre de Seu Poder testemunha e visivelmente cria o inverno e a primavera, que, em conjunto, se assemelham a ressurreição? Uma vez que o homem não é chamado a prestar contas e ser julgado de forma conveniente, enquanto neste mundo, segue-se que ele deve proceder a um Tribunal Supremo e uma felicidade final.

OITAVA VERDADE

A Porta da Promessa e da Ameaça,
A Manifestação dos Nomes de Belo e Glorioso.

Será possível que o Criador deste mundo, o Possuidor do Conhecimento Absoluto e Poder Absoluto, não irá cumprir a promessa muitas vezes repetida e a ameaça que tem sido proclamada por unanimidade por todos os profetas e foi testemunhada em uníssono por todos os verídicos e os santos e, assim, mostrar fraqueza e ignorância? Allah nos livre! Tudo o que está implícito em Sua promessa e ameaça não é nada difícil para o Seu poder para cumprir; é extremamente simples e fácil. É tão fácil para Ele como trazer de volta na próxima primavera os incontáveis seres de última primavera, em parte idêntica,[NOTA 1] em parte, em sorriso.[NOTA 2] É a nossa necessidade, a necessidade de tudo, Sua própria necessidade e a necessidade de Sua soberania divina, que Ele deveria cumprir Sua promessa. Para ele quebrar sua promessa seria contrário à dignidade do Seu poder, e seria contradizer a abrangência de Seu conhecimento. Certamente, a quebra de uma promessa só pode resultar da ignorância ou impotência.

Ó incrédulo! Você sabe que crime tolo que está cometendo com sua incredulidade e negação? Preste atenção a sua própria fantasia mentirosa, seu intelecto delirante, sua alma enganosa, você rejeita

---

tão fácil como a criação de uma única coisa, assim a facilidade surge. Se, ao contrário, a criação é confiada a inúmeras causas, e atribuída a multiplicidade, a criação de uma única coisa se torna tão difícil como a criação de tudo, e essa dificuldade chega ao ponto da impossibilidade".

NOTA 1: Como as árvores e as raízes de gramíneas.

NOTA 2: Como folhas e frutas.

como mentiroso o Um que de modo nenhum pode ser obrigado a quebrar a sua promessa, Cuja glória e estatura não pode de forma nenhuma admitir a quebra da Sua palavra, e Cuja autenticidade e veracidade são atestadas por todos os aspectos visíveis e objetivos! Apesar da sua pequenez infinita, você está cometendo um crime infinitamente de grandes proporções. Sem dúvida, você merece grande e eterno castigo. De acordo com alguns relatos, o fato de que os dentes de algumas das pessoas do Inferno serão tão grandes quanto a montanha[6] servirá como uma indicação da magnitude do crime. Ó incrédulo, você é como um viajante que fecha os olhos para a luz do sol e olha, em vez disso, para a fantasia em sua própria mente. Sua imaginação deseja iluminar o caminho incrível na sua frente com o processo de luz da lâmpada da sua mente que, na realidade, não é mais forte do que um pirilampo. Tudo o que foi prometido por Allah Todo-Poderoso, Cujas palavras verídicas são estes seres que vemos e Cujos verdadeiros sinais eloquentes são os processos da natureza, Ele, com certeza, cumpre. Ele estabelecerá um Tribunal Supremo, e conferirá uma felicidade suprema.

NONA VERDADE

A Porta de Doação de Vida e da Morte, por Allah
A Manifestação dos Atributos de Viver Eternamente do Autossubsistente, do Doador da Vida e do Doador da Morte.

Será possível que Aquele Que dá vida a esta grande terra morta e seca; que assim fazendo demonstra o Seu poder por meio da implantação de mais de trezentos mil formas diferentes de criação, cada uma delas tão notável quanto o homem; Que demonstra ainda mais nessa implantação Seu abrangente conhecimento pelas infinitas distinções e diferenciações que Ele faz no complexo entrelaçamento de todas essas formas; Que dirige o olhar de todos os seus servos para a felicidade eterna, prometendo-lhes a ressurreição em todos os Seus celestes decretos; Que demonstra a esplendor da Sua divindade, fazendo com que todas as Suas criaturas colaborem uns com os outros, a girar dentro do círculo de seu comando e sua vontade, para ajudar um ao outro e se submeterem a Ele; Que mostra a importância que Ele deu ao homem, criando-o como o mais abrangente, o mais precioso e delicado, o fruto mais valioso e apreciado na árvore de criação, abordando-o sem intermediário e submetendo todas as coisas a ele, - será possível que o Ser tão Compassivo e Poderoso, tão Sábio e Onisciente, não ocasione a ressurreição; não congregará Suas criaturas juntas ou será incapaz de fazê-lo; não vai restaurar o homem para a vida, ou ser incapaz disso; seria incapaz de inaugurar o seu Supremo Tribunal; de criar o Céu e o Inferno? Não, na verdade, de nenhuma maneira nada disso é possível.

De fato, o Todo-Poderoso Eliminador de coisas deste mundo cria em cada século, a cada ano e todos os dias, na face estreita e transitória do mundo, numerosos sinais, exemplos e indicações do Encontro Supremo e da planície da Ressurreição.

Assim, na reunião que acontece a cada primavera, vemos que no decorrer de cinco ou seis dias mais de trezentos mil tipos diferentes de animais e vegetais são primeiro reunidos e, em seguida, se dispersam. As raízes de todas as árvores e plantas, bem como alguns animais, são revividas e restauradas exatamente como eram. Os restantes animais são recriados numa forma tão semelhante, quase idênticos. As sementes que aparecem, em sua forma externa, e são tão próximas umas das outras, no entanto, ao longo de seis dias ou seis semanas, tornam-se distintas e diferenciadas uma da outra, e, em seguida, com extrema rapidez, naturalidade e facilidade, são trazidas à vida com maior ordem e equilíbrio. Será possível que, para Aquele Que faz tudo isso algo deve ser difícil? Que Ele seria incapaz de criar os céus e a terra em seis dias? Que seria incapaz de ressuscitar os homens com um único estrondo? Não, nem assim é possível!

Vamos supor que houvesse algum escritor talentoso que pudesse escrever em uma única hora as letras confusas e obliteradas de trezentos mil livros em uma única folha, sem qualquer erro, omissão ou defeito, completo e na melhor forma. Se alguém, em seguida, dissesse-lhe que o escritor poderia escrever de novo a partir da memória de um livro escrito por ele, que tivesse caído na água e se tornasse obliterado, você, então, poderia dizer que ele seria incapaz, e você não acreditaria na sua capacidade? Ou pense em algum rei talentoso que, a fim de demonstrar seu poder ou para fornecer um exemplo de alerta, removesse montanhas inteiras com um único comando, virasse o seu reino de cabeça para baixo, e transformasse o mar em terra seca. Então, você, visse que uma grande pedra rolava para baixo em um vale, de modo que o caminho ficasse bloqueado para os clientes que viajavam para participar da recepção do rei e seriam incapazes de passar. Se alguém fosse dizer a você: "Aquele exaltado removerá ou dissolverá a pedra, por maior que seja, com um único comando, e não deixará seus convidados encalhados", você então, diria que ele não a removeria a pedra, ou seria capaz de fazê-lo? Ou, se alguém, um dia, conseguisse reunir um grande exército, e então você fosse informado que ele convocaria seus batalhões, juntamente com o soar da trombeta, depois de terem dispersado para descansar, e os batalhões formariam-se disciplinadamente, você responderia dizendo: "Eu não acredito nisso?" Se você estivesse a dizer qualquer uma dessas coisas, o seu comportamento seria realmente uma loucura.

Se você entendeu estas três parábolas, agora olha mais longe e vê como o Projetista Pré-Eterno vira na frente de nossos olhos a página em branco do inverno e abre as páginas verdes de primavera e verão. Então, Ele inscreve-se na página da superfície da terra, com a caneta do poder e do destino, na forma mais bonita, mais de três mil espécies de criação. Nenhuma usurpa a outra. Ele as escreve todas juntas, mas nenhuma impede o caminho da outra. Em sua formação e forma, cada uma é mantida separada da outra, sem qualquer confusão. Não há nenhum erro na escrita. Aquele Sábio e Preservador, Que preserva e insere o espírito de uma grande árvore na menor semente, não maior do que um ponto - é acaso permitido mesmo se perguntar como ele preserva os espíritos daqueles que morrem? Aquele Poderoso, Que faz o mundo girar como uma pedra em um estilingue - é acaso permitido mesmo se perguntar como ele irá remover este mundo do caminho de seus convidados que estão viajando para encontrá-lo no Outro Mundo?

Mais uma vez, o Uno da Essência Gloriosa, Que do nada recruta de novo e inscreve em Seus batalhões, com o comando de: [7] (كن فيكون), e com o máximo de disciplina, as tropas de todas as coisas vivas, as próprias partículas de todos os seus corpos, e, assim, cria exércitos altamente disciplinados - seria permitido até mesmo se perguntar como Ele pode fazer os corpos se submeterem à sua disciplina como um batalhão, como Ele pode reunir suas partículas fundamentais mutuamente familiarizadas, e seus membros que os compõem?

Você pode, por outro lado, ver com os seus próprios olhos, os numerosos desenhos feitos por Allah como sinais, símiles e indicações da ressurreição, desenhos feitos por Ele em todas as idades e épocas do mundo, na alternância do dia e da noite, mesmo no aparecimento e desaparecimento de nuvens no céu. Se você se imaginar ter vivido mil anos atrás, e depois comparar uma com a outra as duas asas do tempo que são o passado e o futuro, então vocêverá sorrisos do encontro e das indicações da ressurreição tão numerosos quanto os séculos e dias. Se, então, depois de presenciar tantas metáforas e indicações, você considera a ressurreição corpórea tão improvável e racionalmente inaceitável, fique sabendo que o seu comportamento é pura loucura.

Veja o que o Decreto Supremo diz respeito da verdade que estamos discutindo:

(فَانْظُرْ اِلَى آثَارِ رَحْمَتِ اللهِ كَيْفَ يُحْيِي الْاَرْضَ بَعْدَ مَوْتِهَا اِنَّ ذٰلِكَ لَمُحْيِي الْمَوْتَى وَهُوَ عَلَى كُلِّ شَيْءٍ قَدِيرٌ) [8]

Em Suma: Não há nada que impossibilita a congregação da ressurreição, e o muito do que ela necessita. A divindade gloriosa e eterna, o Todo-Poderoso e o abraçar toda a soberania d'Aquele que dá a vida e a morte para este vasto e maravilhoso mundo como se fosse um mero animal; Que fez desta terra um berço agradável, um belo navio, para o homem e os animais; Que fez do sol uma lâmpada fornecendo luz e calor para a hotelaria do mundo, que fez dos planetas veículos para o transporte de seus anjos - a divindade e a soberania de tal Ser não podem repousar e serem restritas aos transitórios, instáveis, insignificantes, mutáveis, assuntos transitórios, inconstantes, deficientes e imperfeitos deste mundo. Ele deve, portanto, ter outro reino, um digno d'Ele, permanente, estável, imutável e glorioso. Na verdade, Ele tem outro reino, e é por causa disto que Ele nos faz trabalhar, e para isso que Ele nos convoca. Todos aqueles de espírito iluminado que penetraram pelas aparências exteriores à verdade, e têm sido enobrecidos com a proximidade da Presença Divina, todos os polos espirituais dotados de corações luminosos, todos os possuidores de inteligência luzente, todos dão testemunho de que Ele nos transferirá para o outro reino. Eles nos informam, por unanimidade, que lá Ele preparou para nós recompensas, e relataram que Ele está constantemente nos dando promessas firmes e severas advertências.

Quanto à quebra de uma promessa, é infundada e de humilhação total. Ela não pode de forma alguma ser conciliada com a glória da Sua santidade. Da mesma forma, o descumprimento de uma ameaça surge tanto de perdão ou impotência.

Agora, a incredulidade é crime extremo[NOTA], e não pode ser perdoada. O Absolutamente Onipotente está isento de e exaltado acima de toda impotência. Aqueles que nos trazem seu testemunho e relatório, apesar de todas as diferenças em seus métodos, temperamentos e caminhos, são totalmente unânimes e concordaram sobre este assunto básico. Pelo seu número, eles têm a autoridade da unanimidade. Por sua qualidade, eles têm a autoridade do sábio consenso. Por sua posição, cada um é uma estrela guia da

---

NOTA: Sim, a incredulidade denuncia a criação por suposta inutilidade e falta de sentido. É um insulto a toda a criação, a negação da manifestação dos Nomes Divinos no espelho dos seres. É desrespeito a todos os Nomes Divinos, e rejeição do testemunho da Unidade Divina por todos os seres. É uma negação de toda a criação. Ela corrompe as potencialidades do homem, de tal maneira que são incapazes de reforma e receptividade para o bem. A incredulidade é também um ato de injustiça absoluta, uma transgressão contra toda a criação e os direitos dos nomes de Allah. A preservação desses direitos, bem como a natureza irredimível da alma do crente, torna necessário que a descrença seja imperdoável. As palavras,

﴿ إِنَّ الشِّرْكَ لَظُلْمٌ عَظِيمٌ ﴾[9] expressam esse significado.

humanidade, o olho querido de um povo, o objeto de veneração de uma nação. Pela sua importância, cada um é um perito e uma autoridade no assunto. Em qualquer arte ou ciência, dois especialistas são os preferidos a milhares de não especialistas, e duas afirmações positivas são preferidas a milhares de negações na transmissão de um relatório. Por exemplo, o testemunho de dois homens afirmando a visualização da lua crescente no início do Ramadan anula totalmente a negação de milhares de negadores.

Em suma: Em todo o mundo não há relato verdadeiro, nenhuma reivindicação mais firme, verdade mais evidente do que essa. O mundo é, sem dúvida, um campo, e a ressurreição, a eira, a colheita. O Paraíso e o Inferno são armazéns para o grão.

DÉCIMA VERDADE

A Porta da Sabedoria, da Graça, da Misericórdia e da justiça
A Manifestação dos Nomes do Onisciente, Generoso, Justo e Misericordioso.

É de todo possível que o Possuidor Glorioso de todos os Domínios nesta hospedaria transitória do mundo, neste lugar transitório de testes, nesta vitrine instável da terra de tão manifesta sabedoria, tão evidente graça, tão avassaladora justiça, tão abrangente misericórdia, - é de todo possível que em Seu reino, nos mundos dessas dimensões exteriores e interiores das coisas, não existiriam domicílios permanentes com habitantes eternos, estações permanentes, com moradores imortais, e que, como resultado, de todas as verdades da sabedoria, graça, misericórdia e justiça que vemos agora devem declinar em nada?

Sim é de todo possível que esse Ser Onisciente escolha o homem, entre toda Sua criação, para receber o endereço direto e universal d'Ele, tornando-o um espelho completo de Si Mesmo, permitindo-lhe provar, pesar, e tornar-se familiarizado com todo o conteúdo dos Seus tesouros de misericórdia, fazer-Se conhecido a ele com todos os Seus nomes, amá-lo e fazer-Se amado por ele - que ele fizesse tudo isso e, em seguida, deixar de enviar o homem miserável àquele reino eterno, de convidá-lo para aquela morada da bem-aventurança permanente e de fazê-lo feliz lá?

Seria razoável que Ele impusesse a todos os seres, até mesmo à semente, uma tarefa tão pesada como uma árvore, montar nela exemplos de Sua sabedoria tão numerosos como as flores, e aspectos benéficos tão numerosos como as frutas, mas atribui a essa tarefa, aos exemplos de Sua sabedoria e os aspectos benéficos, um propósito referente apenas a este mundo, tão pequeno como uma semente? Que ele fosse fazer essa finalidade nada mais do que a vida deste mundo, algo menos valioso do que um grão de mostarda? Que ele não deveria fazer dos seres sementes para o mundo do significado e preparo para o reino do futuro, para que possam produzir lá seus resultados verdadeiros e dignos? Que ele deveria permitir essas alternâncias significativas para permanecer sem propósito, estar vazio e em vão? Que ele não deveria voltar seus rostos para o mundo do sentido e a Outra Vida, de modo que eles possam não revelar seus verdadeiros propósitos e resultados ajustados?

Mais uma vez, será possível que, causando coisas de contradizer sua própria natureza Ele apresentaria Seus próprios Nomes verdadeiros, Onisciente, Generoso, Justo, Misericordioso, como sendo caracterizado pelos seus opostos que Allah nos livre - que ele deveria negar as verdadeiras essências de todos aqueles seres que indicam Sua sabedoria e generosidade, Sua justiça e misericórdia, que Ele deveria rejeitar o testemunho de todas as criaturas, que deve negar as indicações feitas por todas as coisas?

A inteligência pode aceitar que Allah imponha sobre o homem e seus sentidos deveres tão numerosos quanto o cabelo em sua cabeça, mas dar-lhe mais do que uma recompensa terrena, algo mais valioso do que um fio de cabelo? Que Ele deveria agir sem sentido, de forma contrária à Sua justiça verdadeira e oposta a sua verdadeira sabedoria?

Mais uma vez, seria possível que Allah, Que prova e mostra-Se um possuidor de sabedoria absoluta, ligando a todos os seres animados, ou até mesmo a cada membro como a língua, na verdade a toda a criatura, exemplos de Sua sabedoria e fontes de benefício tão numerosas quanto os resultados e os frutos que Ele atou a uma árvore - será possível que ele fosse falhar de dispor de Si Mesmo o maior de todos os exemplos de Sua sabedoria, a mais significativa de todas as fontes de benefício, o mais necessário de todos os resultados, aqueles que convertem Sua sabedoria em sabedoria, Suas bênçãos em bênçãos, Sua misericórdia em misericórdia, a fonte e o alvo de toda a Sua sabedoria, generosidade, misericórdia e beneficência - a eternidade, o encontro com Ele na Outra Vida e a bem-aventurança eterna? Iria Ele abandonar isso, Ele mergulharia todos os Seus feitos em inutilidade absoluta e causaria a Si Próprio assemelhar a um ser que construiu um palácio, cada pedra do qual continha milhares de projetos, em cada canto milhares de adornos eram para ser encontrados, e em cada parte milhares de instrumentos domésticos preciosos e ferramentas foram fornecidos, mas não conseguiu construir um telhado sobre ele, para que tudo apodrecesse e fosse desnecessariamente destruído. Não, de maneira alguma, isso pode ser verdade! Da bondade absoluta sai a bondade e do Possuidor da Beleza Absoluta sai beleza. Assim também nada desprovido de finalidade pode surgir do Possuidor da Sabedoria Absoluta.

Quem embarca em sua imaginação a bordo do navio da história e embarca para o passado verá etapas mortas, lugares, encontros e mundos, tão numerosos quanto os anos, e cada um como a parada local que é o mundo, o campo de estudo, a reunião de criação, que nós vemos agora. Em forma e qualidade, eles são diferentes uns dos outros, mas se assemelham no que diz respeito a sua ordem, a sua magnificência e à forma em que eles exibem o poder e a sabedoria do Criador.

Naqueles transitórios lugares de parada, aqueles campos de passagem, aqueles encontros fugazes, ele também verá as obras ordenadas de tão manifestada sabedoria, as indicações de tão evidente beneficência, os sinais de tão imperiosa justiça, os frutos de tão abrangente misericórdia, que ele saberá com certeza, a não ser totalmente desprovido de percepção, que a sabedoria mais perfeita que ele possui é inconcebível, que a beneficência mais bela do que os sinais que ele observa é impossível, que a justiça mais gloriosa que as indicações que ele vê não pode existir, e uma misericórdia mais abrangente do que os frutos que ele vê é inimaginável.

Se, supondo o impossível, não houvesse moradas permanentes, mansões imponentes, estações e moradas eternas, com seus moradores eternos, servos alegres de Allah, no reino do Monarca eterno Que dispõe de todos os assuntos e Que constantemente está mudando a hospedaria e seus habitantes, então seria necessário rejeitar as verdadeiras essências da sabedoria, da justiça, da beneficência e da compaixão, aqueles quatro elementos espirituais poderosas e universais que são como luz, ar, água e terra, e negar a sua existência, apesar de serem tão aparentes como a dos elementos externos. Pois é claro que neste mundo transitório e seu conteúdo não pode ser uma manifestação completa de suas verdadeiras essências. Se não houver nenhum outro lugar, onde eles possam se manifestar totalmente, torna-se necessário, com uma loucura como a do homem que nega a existência do sol, embora ele veja sua luz enchendo o dia, nega a sabedoria com a qual podemos ver em tudo na frente dos nossos olhos, nega a beneficência que podemos observar em nossas próprias almas, e na maioria das outras coisas, [NOTA] nega a justiça cujos sinais aparecem tão fortemente; e nega a compaixão que vemos em todos os lugares em operação. Segue-se, por sua vez, que devemos considerar como brincalhão tolo, tirano traiçoeiro, aquele de

---

NOTA: Existem dois tipos de justiça, uma afirmativa, outra negativa. A variedade positiva consiste em dar a quem merece o seu direito. Esta forma de justiça existe em todo o mundo da forma mais óbvia, pois, como ficou provado na Terceira Verdade, ela visivelmente dá, de acordo com equilíbrios especiais e critérios específicos, todos os objetos do desejo solicitado por tudo de seu Criador Glorioso, com a língua de capacidade inata, a linguagem da necessidade natural, o discurso da necessidade, e todas as exigências da vida e existência. Esta variedade de justiça é, portanto, tão certa como a vida e a própria existência. A outra variedade de justiça, a negativa, consiste em castigar os injustos; ela dá aos malfeitores neste mundo o seu merecimento através de retaliação e punição. Este tipo de justiça não é inteiramente manifesto neste mundo, embora existam inúmeros sinais e indicações que nos permitem perceber sua verdadeira natureza. Por exemplo, todos os golpes de castigo e os açoites punitivos que desceram sobre todos os povos rebeldes, a partir do 'Ad e Samud aos da época atual, mostrarm definitivamente que uma justiça exaltada domina o mundo.

quem procedem todos os processos sábios, os atos generosos e os dons misericordiosos que percebemos no universo. Que Allah não permita que isso seja assim; é totalmente impossível a reversão da verdade. Mesmo os sofistas tolos, que negam a existência de tudo e mesmo a eles mesmos, não contemplariam facilmente tal proposição.

Em suma: Considerando a disparidade absoluta entre - de um lado - este estado de coisas que vemos em conjunto com as fusões universais da vida e as separações rápidas da morte, os encontros imponentes e as dispersões rápidas, as magníficas revoluções e grandes manifestações, e do outro lado, as pequenas frutas que vemos brevemente alcançados neste mundo transitório, os efeitos temporários e insignificantes dos seres que pertencem a este mundo, podemos concluir que a não existência da Outra Vida após a morte significaria anexar a uma pequena pedra as propostas sábias e tão grandes como uma montanha, e anexar o propósito de uma grande montanha com uma pequena pedra. Nenhuma inteligência ou sabedoria pode achar isto aceitável.

Em outras palavras, essa falta de proporção entre os seres e esses assuntos de um lado, e os seus propósitos relativos a este mundo do outro, demonstra com certeza que todos os seres têm suas faces voltadas para o mundo do sentido. É lá que eles vão produzir seus frutos apropriados e os seus olhos estão fixos sobre os Nomes Sagrados. Seus objetivos finais pertencem a somente esse mundo. Enquanto a substância está escondida sob o solo deste mundo, suas flores vão se desenrolar no mundo da Similitude. O homem semeia e é semeado neste mundo, de acordo com sua capacidade; a colheita é recolhida no futuro. Se você olhar para o aspecto das coisas que estão voltadas para os Nomes Divinos e para a Outra Vida, você verá que cada semente, um milagre de poder, tem um objetivo tão grande como uma árvore. Cada flor, que é como uma palavra de sabedoria divina.[NOTA], tem significados tão numerosos como as flores em uma

NOTA: Se for perguntado: "Por que suas parábolas consistem principalmente de flores, sementes e frutas", a nossa resposta é que eles são o mais maravilhoso, marcante e delicado dos milagres do poder de Allah. Além disso, como os naturalistas, filósofos e as pessoas de desorientação têm sido incapazes de ler o

árvore, e cada fruta, uma maravilha da criação de Allah e um poema ditado pela Sua misericórdia, tem propósitos sábios tão numerosos quanto os frutos de uma árvore. Quanto ao fruto que nos serve como sustento é apenas um entre os muitos milhares de propósitos sábios, que cumpre o seu propósito, expressa seus significados, e morre, é enterrado em nosso estômago Uma vez que esses seres transitórios rendem frutos eternos em outro lugar, deixam lá formas permanentes de si mesmos, e expressam lá significados eternos; desde que eles se envolvam em glorificação incessante do Criador; e desde que o homem se torne homem por perceber estes aspectos das coisas que são orientados para a Outra Vida, assim, encontra seu caminho para a eternidade por meio do transitório - desde que tudo isso seja verdade, deve haver algum outro propósito para todos estes seres que são lançados ao redor entre a vida e a morte, que primeiro se reúnem e depois se dispersam.

Não há nenhum erro nessa comparação: o estado acima mencionado de assuntos assemelha circunstâncias formadas e organizadas por meio de imitação e representação. Encontros breves e dispersões são organizados com grandes despesas meramente por uma questão de tirar fotos que podem depois ser mostradas no cinema. Assim, também, uma das razões para a nossa passagem pela vida individual e social neste mundo, por um breve momento, é permitir que fotos sejam tiradas e imagens formadas, para que o resultado de nossas ações seja registrado e gravado, para exibição em um dia de contabilidade, para ser mostrado em um grande encontro, e para produzir o fruto da felicidade suprema. O ditado do nobre Profeta (Allah o abençoe e lhe dê paz), diz: "Este mundo é o preparo do solo para a Outra Vida",[10] indica este significado.

Desde que o mundo existe, e dentro desta sabedoria do mundo, a beneficência, a compaixão e a justiça existem, com suas inúmeras evidências, com certeza a Outra Vida também existe, da mesma forma como é neste mundo. Uma vez que vemos aqui um aspecto de

---

roteiro sutil escrito sobre eles pela caneta do destino e do poder, eles se engasgam com eles, e caem no pântano da natureza.

tudo virado para aquele mundo e está a avançar na direção dele, negá-lo seria negar este com tudo que contém. Pois, como a hora alocada e a sepultura aguarda o homem, assim também fazem o Paraíso e o Inferno, observando ansiosamente a sua chegada.

DÉCIMA PRIMEIRA VERDADE

A Porta da Humanidade, e
A Manifestação do Nome da Verdade

É de todo possível que Divindade Verdadeira, Aquele que é adorado por direito, cria o homem dentro da criação como o mais significativo de todos os Seus servos com respeito a Sua divindade absoluta e com respeito a Sua divindade universal em todos Seus reinos; que ele o fez o destinatário mais pensativo de Seu endereço glorioso, o espelho mais abrangente para a manifestação de Seus Nomes. Que Ele o criou como o mais belo milagre de Seu poder na mais bela das formas, a fim de receber manifestação do Maior Nome, bem como a qualidade do Maior Nome inerente aos outros Nomes, para avaliar e perceber o conteúdo dos Seus tesouros de misericórdia, que Ele deve fazê-lo um investigador de segredos equipado mais do que qualquer outra criatura com saldos e instrumentos; e ele deve fazê-lo o mais carente de todas as criaturas com relação a Seus dons infinitos, aquele que mais sofre com aniquilamento e o mais desejoso de imortalidade; que Ele deve fazê-lo o mais delicado, o mais pobre e necessitado dos animais, mais miserável e sujeito a dor em sua vida mundana, mas mais sublime na disposição, na maior das formas e personagens - é possível que Allah Todo-Poderoso faça tudo isso com o homem e não o manda para o reino eterno para o qual ele está adequado e equipado e para o qual ele está ansioso? É possível que Ele vá, portanto, negar toda a essência da humanidade, agir de forma totalmente contrária a Sua própria veracidade, e realizar um ato de injustiça que o olho da verdade deve considerar feio?

Mais uma vez, será possível que Aquele Governante Absoluto, Cuja misericórdia é absoluta, outorgará ao homem tal disposição que ele assumiu: a Suprema Confiança, da qual os céus e as montanhas se negaram, a fim de medir e saber, com as medidas pequenas e insignificantes todos os atributos, abrangentes, os funcionamentos universais, e as manifestações infinitas do Criador; que Ele o criou como o mais delicado, vulnerável, fraco e impotente dos seres, enquanto lhe confia a regulamentação de toda a vida vegetal e animal sobre a terra, e levando-o a intervir em seus modos de adoração e glorificação de Allah, que Ele o leva a ser uma representação em miniatura de Seus processos cósmicos, que Ele o leva a proclamar a Sua gloriosa divindade de todos os seres, em palavras e atos, que Ele o preferiu aos anjos e deu a ele o posto de legatário - será que Allah concederia tudo isto ao homem e não lhe daria a felicidade eterna, a finalidade, o resultado e o fruto de todos esses deveres? Que Ele o fizesse descer ao baixo nível, como o mais miserável, mal-afortunado, humilhado e o mais sofrido de todas as Suas criaturas; ou que Ele fosse fazer da inteligência, um presente de Sua própria sabedoria e uma ferramenta mais abençoada e luminosa para a obtenção da felicidade, uma ferramenta de mau agouro e sombria de tormento que esse infeliz, agindo assim, em total contradição com a Sua sabedoria absoluta e em oposição a Sua misericórdia absoluta? Não, não é de modo algum possível!

Em suma: Como vimos, olhando para os documentos de identidade de um funcionário em nossa comparação de que sua posição, de direitos, salários, instruções e equipamentos provam que ele não existe por causa de algum campo de batalha temporário, mas sim que se dirige para um reino permanente, por causa do que ele está exercendo a si mesmo - assim também aqueles a quem a verdade e a certeza foram reveladas concordaram unanimemente que as sutilezas inscritas no livro do coração do homem, os sentidos escritos no caderno de seu intelecto, os equipamentos contidos em seu caráter essencial, estão todos voltados para a Eterna Bênção; foram dados ao homem e modelados, de acordo com este objetivo final.

Por exemplo, se um servo e ilustrador do intelecto chamado de "o poder imaginativo" é dito que "você pode ter um milhão de anos de vida e domínio sobre o mundo, mas no final você se tornará nada", vai reagir com dor em vez de prazer, a não ser enganado pela fantasia vã e a interferência da alma. A maior das coisas transitórias não pode, então, satisfazer a menor faculdade do homem.

É, portanto, essa disposição do homem - seus desejos que se estendem até a eternidade, seus pensamentos que abraçam toda a criação e seus desejos que abraçam as diferentes variedades de eterna bem-aventurança - que demonstra que ele foi criado para a eternidade e vai realmente avançar para ela. Este mundo é como uma hospedaria para ele, uma sala de espera para o futuro.

DÉCIMA SEGUNDA VERDADE

A Porta da Mensagem e da Revelação, e da Manifestação de "Em nome de Allah, o Clemente, o Misericordioso".

Será possível que as dúvidas errantes, não mais fortes do que a asa de uma mosca, poderiam fechar o caminho para a Outra Vida e as portas do Paraíso que foram definitivamente abertas pelo nobre Mensageiro (a paz e as bênçãos estejam com ele), com toda a sua força, confiando no poder de seus mil certificados milagres, bem como nos milhares de versículos decisivos do Alcorão Sagrado, um livro milagroso em quarenta maneiras diferentes - que o Mensageiro cujas palavras são afirmadas por todos os outros profetas, confiando em seus próprios milagres, cuja reivindicação é afirmada por todos os santos, confiando em suas visionárias e experiências carismáticas, e cuja veracidade todos os estudantes purificados testemunham, confiando em suas investigações sobre a verdade?

Das verdades anteriores tornou-se evidente que a ressurreição é tão firmemente enraizada, uma verdade que nem mesmo um poder capaz de levantar o mundo, quebrá-lo e lançá-lo de lado, pode abalar. Porque Allah, Exaltado Seja, afirma esta verdade de acordo com o significado de todos os Seus Nomes e atributos; Seu nobre Mensageiro a confirma com todos os seus milagres e evidências; o Alcorão Sagrado a estabelece com todas as suas verdades e versículos; e o próprio cosmos a testemunha com todos os sinais criativos que ele contém e todos os processos sábios que ocorrem dentro dele. Será possível que o Ser Necessário Que une toda a Sua criação (excetuando-se apenas os incrédulos) sobre esta questão da ressurreição, e a duvida mais fraca do que um fio de cabelo e satânicas insinuações devem agitar e arrancar a verdade exaltada e firmemente enraizada que se assemelha a uma montanha? Não, de maneira nenhuma!

Cuidado, não imagine que as provas da ressurreição são restritas àquelas Doze Verdades já mencionadas. O Alcorão Sagrado sozinho, que nos instruiu nestas Doze Verdades, indica milhares de outros aspectos da questão, bem como, cada aspecto de ser um sinal de que nosso Criador irá nos transferir deste reino transitório para um eterno.

Novamente, não imagine que os Nomes Divinos que, logicamente, necessitam da existência de ressurreição são apenas aqueles que já discutimos - Onisciente, Generoso, Misericordioso, Justo, Preservador. Pelo contrário, todos os Nomes Divinos que se manifestam na ordenação do cosmos, certamente, necessitam da existência de ressurreição, de fato tornam isso imperativo. Não imagine, tampouco, que os sinais criativos indicando a ressurreição estão confinados àqueles que mencionamos acima. Pelo contrário, na maioria dos seres, existem diferentes aspectos e qualidades que são como cortinas que se abrem para a direita e para a esquerda: um aspecto testemunha o Criador, e outro aspecto indica a ressurreição. Por exemplo, a beleza do ser humano, formado, como ele está na mais bela das formas, demonstra a existência do Criador, enquanto ao mesmo tempo o fato de que, juntamente com suas habilidades abrangentes, apresentadas nessa mais bela das formas, ele logo declina e morre, demonstra a existência da ressurreição. Às vezes, quando se olha para o mesmo aspecto de duas maneiras diferentes, vê-se que ele demonstra a existência tanto do Criador como da ressurreição. Por exemplo, se olharmos para a coordenação sábia, o justo equilíbrio, o adorno gracioso e o favor misericordioso inerente à maioria das coisas, são vistos para demonstrar que procedem da mão poderosa de um Sábio, Generoso, Justo e Misericordioso Criador. Assim também, se olharmos para a breve e insignificante vida dos seres transitórios, que são as manifestações dessas qualidades, apesar de seu poder e infinidade, a Outra Vida aparece antes desta.

Em outras palavras, todas as coisas silenciosamente recitam e fazem com que os outros recitem:

آمَنْتُ بِاللّٰهِ وَ بِالْيَوْمِ الْاٰخِرِ [11]

CONCLUSÃO

As últimas doze Verdades confirmam, complementam e apoiam umas às outras. Reunidas, elas demonstram o resultado desejado. Será que se encontram na capacidade de qualquer dúvida a penetrar as doze firmes paredes, cada um como o aço ou os diamantes, a fim de abalar a crença na ressurreição alojada dentro de sua cidadela fechada?

O versículo:

﴿ مَا خَلْقُكُمْ وَلاَ بَعْثُكُمْ اِلاَّ كَنَفْسٍ وَاحِدَةٍ ﴾[12] significa que sua criação e ressurreição são como a de uma só alma. Sim, de fato. Em um tratado intitulado Nukta (Ponto), expliquei detalhadamente a verdade expressa por este versículo. Aqui vamos indicar apenas um resumo por meio de algumas comparações. Se você quiser mais detalhes, então, consulte Nukta.

Por exemplo:[13] ﴿ وَلِلّٰهِ الْمَثَلُ الْاَعْلٰى ﴾ e não há nenhum erro na comparação.

De acordo com o mistério da luminosidade, se a manifestação do sol estava de acordo com sua própria vontade, ele guarda o seu mistério da manifestação de inúmeros objetos transparentes com a mesma facilidade de uma única partícula.

De acordo com o mistério da transparência, a pequena pupila de uma partícula transparente é igual a grande superfície do oceano em receber o reflexo do sol.

De acordo com o mistério da ordem, uma criança que faz girar o seu barco de brinquedo com o dedo, ela faz girar com a mesma facilidade um enorme navio de guerra.

De acordo com o mistério da obediência, o comandante usa para fazer um único homem da infantaria se mover, ele faz um grande exército se mover com a mesma palavra.

Em conformidade com o mistério do equilíbrio, vamos imaginar que existisse uma balança no espaço tão sensível e ao mesmo tempo tão grande que sentisse duas nozes que fossem colocadas em seus pratos, e fossem igualmente capazes de manter e pesar dois sóis. Se dois sóis de igual peso fossem colocados nos pratos da balança, a mesma potência, que provoca uma das nozes de ser erguida para os céus e a outra noz de descer até o chão, moveria esses corpos celestiais com a mesma facilidade. Uma vez que, neste modesto mundo deficiente e transitório de contingência, as maiores e menores coisas são iguais, e numerosas e infinitas coisas parecem iguais a uma única coisa, por meio do mistério da luminosidade, transparência, ordem, obediência e equilíbrio. Então, certamente, pouco e muito, pequenos e grandes, serão iguais aos olhos do dono de poder absoluto, e Ele convocará todos os homens para a ressurreição com um único toque de trombeta, assim como se fosse um só homem - este, em virtude dos mistérios das manifestações luminosas do poder infinito e absolutamente perfeito de Sua essência, a transparência da dimensão interior das coisas, a ordem decretada pela sabedoria e o destino, a obediência completa de todas as coisas aos Seus mandamentos criativos e ao equilíbrio existente no ser contingente, que consiste na equivalência entre o ser e o não ser do contingente.

Além disso, os níveis de força e fraqueza que uma coisa possui são determinados pela intervenção naquela coisa do seu oposto. Por exemplo, os graus de calor são determinados pela intervenção do frio; os graus de beleza, pela intervenção do feio; as fases de luz, pela intervenção da escuridão. Mas se algo existe por si mesmo, e não é acidental, então o seu oposto não pode interferir com ele, porque, em seguida, uma união dos opostos, logicamente teria que ocorrer e isso é impossível. Em algo que exista por si só, não pode haver então graduação. Agora, o poder do Possuidor de Poder Absoluto pertence a Sua essência; ele goza de absoluta perfeição e não é acidental, como ser contingente. É, portanto, impossível que o seu oposto, sua impotência, interviessem no mesmo. Por isso, é tão fácil para o Senhor da Glória criar uma primavera como criar uma flor. Mas se a criação foi atribuída à causalidade, então, a criação de uma única flor seria tão difícil quanto a de um conjunto de primaveras. Além disso, para Allah é tão fácil ressuscitar e reunir todos os homens, como um só deles.

As comparações, indicando a ressurreição e suas verdades, tudo o que temos exposto até agora, no que diz respeito isso, é derivado do esplendor do Alcorão Sagrado. O seu único objetivo foi fazer a alma se render e o coração aceitar. É ao Alcorão que pertence o direito de falar. É discuro verdadeiro, e todo discurso é subordinado a ele. Escutemos, então, o Alcorão:

﴿ فَلِلّٰهِ الْحُجَّةُ الْبَالِغَةُ ﴾[14] ﴿فَانْظُرْ اِلٰى اٰثَارِ رَحْمَتِ اللّٰهِ كَيْفَ يُحْيِى

الْاَرْضَ بَعْدَ مَوْتِهَا اِنَّ ذٰلِكَ لَمُحْيِى الْمَوْتٰى وَهُوَ عَلٰى كُلِّ شَىْءٍ قَدِيرٌ﴾[15]

﴿ قَالَ مَنْ يُحْيِى الْعِظَامَ وَهِىَ رَمِيمٌ ۞ قُلْ يُحْيِيهَا الَّذِى اَنْشَاَهَا اَوَّلَ مَرَّةٍ

وَهُوَ بِكُلِّ خَلْقٍ عَلِيمٌ﴾[16]

﴿ يَا اَيُّهَا النَّاسُ اتَّقُوا رَبَّكُمْ اِنَّ زَلْزَلَةَ السَّاعَةِ شَىْءٌ عَظِيمٌ﴾[17]

﴿ يَوْمَ تَرَوْنَهَا تَذْهَلُ كُلُّ مُرْضِعَةٍ عَمَّا اَرْضَعَتْ وَتَضَعُ كُلُّ ذَاتِ حَمْلٍ

حَمْلَهَا وَتَرَى النَّاسَ سُكَارٰى وَمَا هُمْ بِسُكَارٰى وَلٰكِنَّ عَذَابَ اللّٰهِ

شَدِيدٌ﴾[18] ﴿ اَللّٰهُ لَا اِلٰهَ اِلَّا هُوَ لَيَجْمَعَنَّكُمْ اِلٰى يَوْمِ الْقِيَامَةِ لَا رَيْبَ فِيهِ

وَمَنْ اَصْدَقُ مِنَ اللّٰهِ حَدِيثًا﴾[19] ﴿ اِنَّ الْاَبْرَارَ لَفِى نَعِيمٍ ۞ وَاِنَّ الْفُجَّارَ

لَفِى جَحِيمٍ﴾[20] ﴿ اِذَا زُلْزِلَتِ الْاَرْضُ زِلْزَالَهَا ۞ وَاَخْرَجَتِ الْاَرْضُ

اَثْقَالَهَا ۞ وَ قَالَ الاِنْسَانُ مَالَهَا ۞ يَوْمَئِذٍ تُحَدِّثُ اَخْبَارَهَا ۞ بِاَنَّ رَبَّكَ
اَوْحَى لَهَا ۞ يَوْمَئِذٍ يَصْدُرُ النَّاسُ اَشْتَاتًا لِيُرَوْا اَعْمَالَهُمْ ۞ فَمَنْ يَعْمَلْ
مِثْقَالَ ذَرَّةٍ خَيْرًا يَرَهُ ۞ وَمَنْ يَعْمَلْ مِثْقَالَ ذَرَّةٍ شَرًّا يَرَهُ﴾[21] ﴿اَلْقَارِعَةُ
۞ مَا الْقَارِعَةُ ۞ وَمَا اَدْرٰيكَ مَا الْقَارِعَةُ ۞ يَوْمَ يَكُونُ النَّاسُ كَالْفَرَاشِ
الْمَبْثُوثِ ۞ وَ تَكُونُ الْجِبَالُ كَالْعِهْنِ الْمَنْفُوشِ ۞ فَاَمَّا مَنْ ثَقُلَتْ
مَوَازِينُهُ ۞ فَهُوَ فِى عِيشَةٍ رَاضِيَةٍ ۞ وَ اَمَّا مَنْ خَفَّتْ مَوَازِينُهُ ۞ فَاُمُّهُ
هَاوِيَةٌ ۞ وَمَا اَدْرٰيكَ مَاهِيَهْ ۞ نَارٌ حَامِيَةٌ﴾[22]

﴿وَ لِلّٰهِ غَيْبُ السَّمٰوَاتِ وَالْاَرْضِ وَمَا اَمْرُ السَّاعَةِ اِلاَّ كَلَمْحِ الْبَصَرِ اَوْ هُوَ
اَقْرَبُ اِنَّ اللّٰهَ عَلَى كُلِّ شَىْءٍ قَدِيرٌ﴾[23]

Ouvindo estes e outros versículos claros do Alcorão, dizemos: "sim, nós acreditamos e damos o nosso consentimento."

اٰمَنْتُ بِاللّٰهِ وَ مَلٰئِكَتِهِ وَ كُتُبِهِ وَ رُسُلِهِ وَ الْيَوْمِ الْاٰخِرِ وَ بِالْقَدَرِ خَيْرِهِ وَ شَرِّهِ
مِنَ اللّٰهِ تَعَالَى وَ الْبَعْثُ بَعْدَ الْمَوْتِ حَقٌّ وَ اَنَّ الْجَنَّةَ حَقٌّ وَ النَّارَ حَقٌّ وَ اَنَّ
الشَّفَاعَةَ حَقٌّ وَ اَنَّ مُنْكَرًا وَ نَكِيرًا حَقٌّ وَ اَنَّ اللّٰهَ يَبْعَثُ مَنْ فِى الْقُبُورِ
اَشْهَدُ اَنْ لاَ اِلٰهَ اِلاَّ اللّٰهُ وَ اَشْهَدُ اَنَّ مُحَمَّدًا رَسُولُ اللّٰهِ

اَللّٰهُمَّ صَلِّ عَلَى اَلْطَفِ وَ اَشْرَفِ وَ اَكْمَلِ وَ اَجْمَلِ ثَمَرَاتِ طُوبَاءِ رَحْمَتِكَ

الَّذِى اَرْسَلْتَهُ رَحْمَةً لِلْعَالَمِينَ وَ وَسِيلَةً لِوُصُولِنَا اِلَى اَزْيَنِ وَ اَحْسَنِ وَ

اَجْلَى وَ اَعْلَى ثَمَرَاتِ تِلْكَ الطُّوبَاءِ الْمُتَدَلِّيَةِ عَلَى دَارِ الْآخِرَةِ اَىِ

الْجَنَّةِ. ۞ اَللّٰهُمَّ اَجِرْنَا وَ اَجِرْ وَالِدَيْنَا مِنَ النَّارِ وَ اَدْخِلْنَا وَ اَدْخِلْ وَالِدَيْنَا

الْجَنَّةَ مَعَ الْاَبْرَارِ بِجَاهِ نَبِيِّكَ الْمُخْتَارِ آمِينَ [24]

Ó irmão estudioso deste tratado com uma mente aberta! Não diga: "Por que eu não consigo entender imediatamente esta "Décima Palavra" em todos os seus detalhes?" E não seja triste com a sua incapacidade de compreendê-la completamente. Pois mesmo um mestre da filosofia, tais como Ibn Sina, disse que

اَلْحَشْرُ لَيْسَ عَلَى مَقَايِيسَ عَقْلِيَّةٍ *"A ressurreição não pode ser entendida por critérios racionais."* Seu julgamento foi a de que devemos acreditar na ressurreição, mas a razão não pode seguir nesse caminho. Da mesma forma, todos os estudiosos do Islam, por unanimidade, decidiram que a ressurreição baseia-se inteiramente em provas tradicionais, que não podem ser racionalmente analisadas. Naturalmente, tão profundo e, ao mesmo tempo, tão exaltado caminho não pode de repente se tornar uma via pública para o exercício da razão. Mas gostaríamos de oferecer milhares de graças que o Criador Misericordioso nos concedeu nesta grande parte do caminho, com o esplendor do Alcorão Sagrado e Sua própria misericórdia, numa época em que a crença por imitação do passado e mera aceitação desapareceu. Uma vez que a quantidade concedida a cada um de nós é suficiente para a salvação de nossa fé, para ficarmos contentes com as quantidades que somos aptos a entender, devemos reler o tratado e procurar aumentar nossa compreensão.

Uma das razões de que é possível aproximar um entendimento racional da ressurreição é que, uma vez que a congregação suprema, a ressurreição, é a manifestação do Nome Maior, somente por meio da contemplação e demonstração dos grandes feitos evidentes na manifestação máxima do Maior Nome de Allah, bem como Seus outros Nomes, é possível prová-lo como certo; acredite inabalavelmente que a ressurreição é tão simples como a primavera. Assim que as questões aparecem e são demonstradas nesta "Décima Palavra" (A Ressurreição e a Outra Vida), por meio do esplendor do Alcorão. Se não fosse por este esplendor, e a nossa inteligência fosse deixada aos seus próprios dispositivos pequenos, seria impotente e condenada a acreditar na ressurreição por meio da imitação.

***

A PRIMEIRA PARTE DE UM COMPLEMENTO IMPORTANTE E ADENDO À DÉCIMA PALAVRA.

بِسْمِ اللّٰهِ الرَّحْمٰنِ الرَّحِيمِ

﴿ فَسُبْحَانَ اللّٰهِ حِينَ تُمْسُونَ وَحِينَ تُصْبِحُونَ ۞ وَلَهُ الْحَمْدُ فِى
السَّمٰوَاتِ وَاْلاَرْضِ وَعَشِيًّا وَحِينَ تُظْهِرُونَ ۞ يُخْرِجُ الْحَىَّ مِنَ الْمَيِّتِ
وَيُخْرِجُ الْمَيِّتَ مِنَ الْحَىِّ وَيُحْيِى اْلاَرْضَ بَعْدَ مَوْتِهَا وَكَذٰلِكَ تُخْرَجُونَ
۞ وَمِنْ آيَاتِهِ اَنْ خَلَقَكُمْ مِنْ تُرَابٍ ثُمَّ اِذَا اَنْتُمْ بَشَرٌ تَنْتَشِرُونَ ۞ وَ مِنْ
آيَاتِهِ اَنْ خَلَقَ لَكُمْ مِنْ اَنْفُسِكُمْ اَزْوَاجًا لِتَسْكُنُوا اِلَيْهَا وَ جَعَلَ بَيْنَكُمْ مَوَدَّةً
وَ رَحْمَةً اِنَّ فِى ذٰلِكَ لَآيَاتٍ لِقَوْمٍ يَتَفَكَّرُونَ ۞ وَمِنْ آيَاتِهِ خَلْقُ السَّمٰوَاتِ
وَاْلاَرْضِ وَاخْتِلاَفُ اَلْسِنَتِكُمْ وَ اَلْوَانِكُمْ اِنَّ فِى ذٰلِكَ لَآيَاتٍ لِلْعَالِمِينَ ۞
وَ مِنْ آيَاتِهِ مَنَامُكُمْ بِالَّيْلِ وَ النَّهَارِ وَابْتِغَاؤُكُمْ مِنْ فَضْلِهِ اِنَّ فِى ذٰلِكَ لَآيَاتٍ
لِقَوْمٍ يَسْمَعُونَ ۞ وَ مِنْ آيَاتِهِ يُرِيكُمُ الْبَرْقَ خَوْفًا وَ طَمَعًا وَ يُنَزِّلُ مِنَ
السَّمَاءِ مَاءً فَيُحْيِى بِهِ اْلاَرْضَ بَعْدَ مَوْتِهَا اِنَّ فِى ذٰلِكَ لَآيَاتٍ لِقَوْمٍ
يَعْقِلُونَ ۞ وَمِنْ آيَاتِهِ اَنْ تَقُومَ السَّمَاءُ وَاْلاَرْضُ بِاَمْرِهِ ثُمَّ اِذَا دَعَاكُمْ دَعْوَةً

مِنَ الْاَرْضِ اِذَا اَنْتُمْ تَخْرُجُونَ ۞ وَ لَهُ مَنْ فِى السَّمٰوَاتِ وَ الْاَرْضِ كُلٌّ لَهُ قَانِتُونَ ۞ وَ هُوَ الَّذِى يَبْدَؤُا الْخَلْقَ ثُمَّ يُعِيدُهُ وَ هُوَ اَهْوَنُ عَلَيْهِ وَلَهُ الْمَثَلُ الْاَعْلَى فِى السَّمٰوَاتِ وَالْاَرْضِ وَهُوَ الْعَزِيزُ الْحَكِيمُ ﴾ [25]

Neste Nono Raio será exposto um ponto supremo destes versículos sublimes celestes, o que demonstra um dos "polos" da crença; estas poderosas provas sagradas da ressurreição dos mortos serão explicadas. É um exemplo sutil da graça divina que trinta anos atrás, no final de sua obra intitulada Muhâkemat (Raciocínios), que foi uma introdução para os comentários do Alcorão, o Velho Said escreveu: "Segundo Objetivo: Dois versículos do Alcorão aludindo à ressurreição dos mortos serão expostos e explicados".

﴿نَحْو بِسْمِ اللّٰهِ الرَّحْمٰنِ الرَّحِيمِ﴾[26] Aí ele parou e não pôde mais escrever. Agora, louvado e agradecido seja o meu Compassivo Criador em número de sinais e as indicações da ressurreição, que depois de trinta anos Ele me deu sucesso. Sim, nove ou dez anos atrás, Ele concedeu a Décima e a Vigésima Nona Palavras, duas provas brilhantes e poderosas expondo o decreto Divino:

﴿ فَانْظُرْ اِلَى آثَارِ رَحْمَتِ اللّٰهِ كَيْفَ يُحْيِى الْاَرْضَ بَعْدَ مَوْتِهَا اِنَّ ذٰلِكَ لَمُحْيِى الْمَوْتَى وَهُوَ عَلَى كُلِّ شَىْءٍ قَدِيرٌ ﴾[27]

que foi o primeiro dos dois versículos. Eles silenciaram os negadores da ressurreição. Agora, nove ou dez anos após esses dois baluartes inexpugnáveis da crença na ressurreição dos mortos, Ele agraciou com o presente tratado um comentário sobre o segundo dos dois versículos sublimes acima. Este Nono Raio, então, consiste em nove estações elevadas, indicadas pelos versículos acima mencionados, e uma importante apresentação.

INTRODUÇÃO

[Esta consiste de dois pontos que compõem uma explicação concisa de um resultado abrangente dos inúmeros benefícios espirituais de crença na ressurreição e de suas consequências vitais; uma demonstração de como é essencial para a vida humana e especialmente para a vida da sociedade, um resumo de uma prova universal de numerosas provas da doutrina da fé na ressurreição; e uma declaração de como indubitável e autoevidente é o princípio da crença].

PRIMEIRO PONTO

Nós indicaremos, como medida, apenas quatro das centenas de provas que a crença na vida após a morte é fundamental para a vida da sociedade e para a vida pessoal do homem, e é a base de sua felicidade, prosperidade e realizações.

Primeira prova: É só com a ideia do Paraíso que as crianças, que formam quase metade da humanidade, podem suportar todas as mortes ao redor deles, que aparece para eles doloroso e assustador, e fortalece o moral de seus seres frágeis e delicados. Por meio do Paraíso, eles encontram esperança em seus espíritos vulneráveis, propensos a chorar, e podem viver felizes. Por exemplo, com o pensamento do Paraíso, pode-se dizer: "Meu irmão ou amigo morreu e se tornou um pássaro no Paraíso. Ele está voando em torno do Paraíso e vive mais feliz do que nós." Ao contrário, as mortes frequentes perante os seus olhos infelizes de outras crianças, como elas próprias ou de adultos, de outra forma, destruiriam toda a sua resistência e moral, fazendo com que suas faculdades sutis como os seus espíritos, corações e mentes chorem, além de seus olhos, pois eles ou recusarão totalmente ou ficarão loucos, como animais miseráveis.

Segunda Prova: É somente com a vida do além que os idosos, que formam metade da humanidade, podem suportar a proximidade do túmulo, e serem consolados com a ideia de que suas vidas, às quais estão firmemente ligados, em breve serão extintas e seus mundos belos chegaram ao fim. É só com a esperança da vida eterna que eles podem responder ao desespero atroz que sentem em seus espíritos emocionais de crianças, ao pensamento de morte. Esses dignos, pais e mães ansiosos, merecedores de compaixão, precisam de tranquilidade e paz de espírito, de outra forma, podem sentir uma turbulência espiritual terrível e o sofrimento em seus corações, e este mundo se tornará uma prisão escura para eles, e até mesmo a vida, um grave tormento.

Terceira Prova: Só a ideia do Fogo do Inferno é que reprime as emoções turbulentas dos jovens, elemento mais vigoroso na vida da sociedade, e seus excessos violentos, restringindo-os de agressão, opressão e destruição, e garantem que a vida da sociedade continue tranquilamente. Se não fosse por medo do Inferno, de acordo com a regra "Poder é o certo," em perseguir os seus desejos, os jovens bêbados transformariam o mundo da humanidade miserável, fraca e impotente no Inferno, e a elevada humanidade em baixa animalidade.

Quarta Prova: O centro mais compreensivo da vida mundana do ser humano, sua fonte principal, e um paraíso, refúgio e fortaleza de felicidade mundana é a vida da família. A casa de cada pessoa é um pequeno mundo para ela. E a vida e a felicidade de sua casa e família são possíveis com um genuíno, abnegado, respeito leal e sincero e verdadeiro, sensível, autosacrifício e compaixão. Este respeito verdadeiro e esta bondade genuína podem ser conseguidos com a ideia dos membros da família ter um companheirismo eterno, amizade, união, e suas relações parentais, filiais, fraternas e amigáveis continuando por toda a eternidade em uma vida sem limites, e sua crença nisto. Alguém diz, por exemplo: "Minha esposa será a minha companheira constante em um mundo eterno e vida eterna. Não importa se ela é agora velha e feia, pois ela terá uma beleza imortal." Ele vai dizer a si mesmo que será tão gentil e dedicado como pode por causa do companheirismo permanente e tratará a esposa idosa amorosa e gentilmente como se ela fosse uma bela houri. Porém, a companhia que termina em eterna separação depois de uma ou duas horas de breve e aparente amizade, ao contrário, pode oferecer apenas sentimentos superficiais, fingidos, animalescos, falsa compaixão e respeito artificial. Tal como acontece com animais, o autointeresse e outras emoções irresistíveis prevaleceriam sobre o respeito e a compaixão, transformando esse paraíso mundano no Inferno.

Assim, uma das centenas de consequências da crença na ressurreição, ligada com a vida da sociedade, se comparada com as quatro provas das centenas de aspectos e benefícios desta única consequência, será entendido que a realidade da ressurreição e sua ocorrência é tão certa como a realidade elevada da humanidade e sua necessidade universal. Certamente, é mais evidente do que a necessidade do estômago do ser humano e fala de sua existência ainda mais claramente. Isso prova que, se as consequências da verdade da ressurreição fossem acabar com a humanidade, cuja natureza é extremamente significativa, elevada, e viva, seria um mero cadáver corrupto e alimento de micróbios e bactérias.

Os sociólogos, políticos e moralistas, que governam a humanidade e estão preocupados com suas questões sociais e morais, devem ficar cientes disso! Como é que eles propõem preencher esse vazio? Com que eles podem curar essas feridas profundas?

SEGUNDO PONTO

Isso explica, de forma sumária uma prova - uma das muitas - procedente do testemunho da verdade da ressurreição dos outros pilares da crença. É como segue:

Todos os milagres que indicam a Mensagem de Mohammad (Allah o abençoe e lhe dê paz) e as evidências de sua missão profética, e todas as provas de sua veracidade, juntos testemunham a ocorrência da ressurreição, e o provam. Pois, após a unicidade Divina, tudo o que ele afirmou em toda a sua vida estava centrado na ressurreição dos mortos.

Além disso, todos os seus milagres e provas que afirmam a veracidade de todos os profetas anteriores. E ainda, o testemunho da frase [28] وَرُسُلِهِ torna claro completamente o testemunho da frase, [29]وَكُتُبِهِ , atesta a mesma verdade. Como esta:

Todos os milagres, verdades e provas que comprovem a veracidade do Alcorão de Exposição Milagrosa, testemunham e provam a realização e a ocorrência de ressurreição. Uma vez que quase um terço do Alcorão é sobre a ressurreição, o início da maioria das suas suratas curtas são versículos poderosos sobre o assunto. Elas expressam a mesma verdade explícita e implicitamente com milhares de seus versículos, e comprova e demonstra isso. Por exemplo:

﴿إِذَا الشَّمْسُ كُوِّرَتْ﴾[30] ۞ ﴿يَا أَيُّهَا النَّاسُ اتَّقُوا رَبَّكُمْ إِنَّ زَلْزَلَةَ
السَّاعَةِ شَيْءٌ عَظِيمٌ﴾[31] ﴿إِذَا زُلْزِلَتِ الْأَرْضُ زِلْزَالَهَا﴾[32] ۞
﴿إِذَا السَّمَاءُ انْفَطَرَتْ﴾[33] ﴿إِذَا السَّمَاءُ انْشَقَّتْ﴾[34] ۞
﴿عَمَّ يَتَسَاءَلُونَ﴾[35] ۞ ﴿هَلْ أَتَاكَ حَدِيثُ الْغَاشِيَةِ﴾[36]

Além de demonstrar com toda a certeza, no início de trinta ou quarenta suratas que a ressurreição é a verdade mais importante e necessária no universo, estabelece várias evidências convincentes da verdade, em outros de seus versículos.

Existe, acaso, alguma possibilidade de que a crença na vida após a morte possa ser falsa, uma vez que emerge, como o sol, de milhares de declarações e afirmações de um Livro cuja uma única indicação de um dos versículos rende diante de nossos olhos os frutos de numerosas sábias e verdades cósmicas nas ciências islâmicas? Existe alguma possibilidade de negar o sol, ou a existência do universo? Não seria impossível e absurdo?

Seria possível que milhares de ameaças e promessas de palavras de um monarca sério e orgulhoso fossem mentiras, ou inverdades quando um exército está mergulhado numa guerra por terem desmentido uma ordem do rei? Seria possível que eles fossem falsos?

Não seria suficiente um único sinal do glorioso monarca espiritual que durante treze séculos sem interrupção prevaleceu sobre inúmeros espíritos, mentes, corações e almas dentro dos limites da verdade e da realidade, e treinou-os e elevou-os, para provar a verdade da ressurreição? Ele demonstrou isso com milhares de declarações explícitas. Será que o tormento do fogo do Inferno não é necessário para o idiota ignorante que não reconhece este fato? Não é pura justiça?

Além disso, por sua aceitação definitiva da verdade da ressurreição, que o Alcorão - prevalecendo sobre o futuro e todos os tempos - prova e elucida repetidamente em detalhe, todas as escrituras reveladas e livros sagrados, cada um dos quais dominou um determinado período, provou-o de acordo com seus próprios tempos e séculos, mas sem detalhes, velado, e de forma resumida, confirmado com milhares de provas que o Alcorão ensina.

Incluem-se aqui, uma vez que está relacionado com esta discussão, o testemunho ao fim do Terceiro Raio dos outros pilares da fé e, em particular "os Profetas" e "as Escrituras Sagrados" a:

[37] إِيمَانٌ بِالْيَوْمِ الْآخِرِ Ele forma uma prova convincente da ressurreição, e é na forma de uma súplica poderosa e sucinta, que dissipa todas as dúvidas. Diz a súplica:

"Ó meu Senhor Clemente!

"Tenho entendido das instruções do Seu Nobre Mensageiro (Allah o Abençoe e lhe dê paz) e do ensinamento do Alcorão Sagrado, que acima de tudo, o Alcorão e o Mensageiro, e todas as Escrituras Sagradas e dos Profetas, têm testemunhado por unanimidade e ressaltado que as manifestações dos nomes relacionados com a Sua beleza e glória, de que são exemplos a serem vistos neste mundo, vão continuar ainda mais radiantes por toda a eternidade, e que Sua generosidade, as amostras que devem ser observadas neste mundo transitório, continuarão na morada da felicidade em mais brilhante modo, e aqueles que anseiam por eles neste mundo irão acompanhá-los por toda a eternidade.

"Além disso, contando com centenas de milagres e sinais evidentes e decisivos, acima de tudo, o Seu Nobre Mensageiro mais nobre (Allah o Abençoe e lhe dê paz), o Alcorão Sagrado, os Profetas com seus espíritos luminosos, e os santos, que são polos espirituais com seus corações cheios de luz, e os estudiosos purificados com seus intelectos iluminados, contando com Suas ameaças e promessas repetidas em todas as Escrituras Sagradas, e confiando em seus atributos sagrados como o poder, a misericórdia, o favor, a sabedoria, glória e beleza, em suas funções, bem como na dignidade da sua glória, e na soberania de Sua divindade, e em consequência de suas iluminações, visões e crenças de "o conhecimento de certeza," dão as boas-novas aos homens e gênios da felicidade eterna e informá-los do Inferno para o povo de desorientação; eles acreditam firmemente nisto e o testemunham.

"Ó Todo-poderoso e Sábio! Ó Clemente e Misericordioso! Ó Munificente e Fiel a Sua promessa! Ó Poderoso e Magnífico, o Glorioso, o Irresistível, o Honorável!

"Tu és totalmente isento e exaltado acima de acusar tantos fiéis, amigos, Tuas promessas, Teus magníficos atributos e Tuas funções sagradas, e negar a certas exigências da soberania de Sua divindade e as orações intermináveis e súplicas de Seus inúmeros servos aceitáveis, a quem Tu amas e que atraem Teu amor por concordar conTigo e obedecer-Te. Tu és isento de confirmar a negação da ressurreição pelo povo de desorientação e descrença, que com a incredulidade e rebelião e negação de Tuas promessas, ofendem a magnificência de Tua grandeza e afrontam a Tua dignidade e glória e honra de Tua Deidade, e entristecem a compaixão de Tua Divindade. Declaramos Tua justiça, Beleza e Misericórdia a sermos isentos de tal tirania infinita, tal feiura. Acreditamos com todas as nossas forças que o testemunho dos Profetas, dos sábios e santos, purificados, que são os verdadeiros embaixadores Teus, os arautos da Tua soberania, ao grau de "certeza absoluta", conhecimento absoluto',' e "a visão absoluta", quanto aos tesouros da Tua misericórdia na Vida Futura e provisões de Tuas generosidades no reino eterno, e as maravilhosamente belas manifestações de Teus Belos Nomes, que serão manifestados totalmente na morada da felicidade, são absolutamente verdadeiros e verídicos, e que têm indicado, conforma-se absolutamente com a realidade e o que eles têm dado de boas novas é verdade e ocorrerá. Acreditando que o raio supremo de Teu Nome da Verdade, que é a fonte, o sol e protetor de todas as realidades, é a verdade da ressurreição e o Grande Encontro, que eles ensinam a Teus servos.

"Ó Senhor! Por uma questão do que eles ensinam e veneração disso, concede-nos e a todos os alunos da Risale-i Nur a crença perfeita e uma morte feliz. E nos permite receber a sua intercessão. Amém!"

Além disso, assim como todas as provas que demonstram a veracidade das escrituras reveladas, e todos os milagres e evidências que comprovam a profecia de Amado de Allah (Allah o abençoe e lhe dê paz) e de todos os profetas, provam indiretamente a realidade da vida após a morte, que é o que eles ensinam, acima de tudo. Por isso, a maioria das evidências da existência e unicidade da Existência necessária testemunha, indiretamente, que existe e abertura de um reino eterno de bem-aventurança, o qual será a manifestação suprema da divindade e da Deidade. Porque, como é explicado e demonstrado nos parágrafos seguintes, tanto a existência do Necessariamente Existente, e a maioria de Seus atributos, Suas funções e Seus Nomes, como Divindade, Deidade, Misericórdia, Graça, Sabedoria e Justiça, exigem a seguir a máxima certeza num reino eterno e na ressurreição dos mortos e no Último Julgamento para a concessão de recompensa e punição.

Já que existe uma Divindade Pré-Eterna e Pós-Eterna, certamente há a Outra Vida, os meios eternos da soberania de Sua Divindade.

Sabendo-se que existe no universo e nos seres vivos a mais majestosa, sábia e compassiva divindade absoluta, e é evidente, há certamente um reino eterno de felicidade que salvará a majestade daquela divindade de humilhação, sua sabedoria de inutilidade, e sua compaixão de crueldade. E esse reino terá de ser entrado. E uma vez que as concessões de ilimitadas generosidades, os favores, presentes, e as instâncias de graça e misericórdia que são vistas, mostram para as mentes que não estão extintas e os corações ainda vivos, que por trás do véu do Invisível está o Clemente e o Misericordioso; certamente há uma vida imortal em um reino eterno que salvará a concessão da zombaria; as bênçãos, do engano; os favores, da inimizade; a misericórdia, do tormento; a graça e os presentes, da traição, e fará generosidade da generosidade e concessão da concessão.

E uma vez na primavera, na página estreita da terra, uma caneta do poder escreve incansavelmente cem mil livros sem erro diante de nossos olhos; e uma vez que o Dono da caneta prometeu cem mil vezes: "Eu vou escrever um livro excelente, imortal em um amplo domínio, mais fácil do que este livro da primavera, que é escrito nesse domínio estreito, confuso e misturado, e eu vou permitir que você o leia." Ele menciona o livro em todos os seus decretos, certamente, a parte principal do livro foi escrita, com a ressurreição e o Juízo Final, suas notas de rodapé devem ser acrescidas e todos os cadernos das ações das pessoas.

Uma vez que sendo a sua morada, fonte, fábrica, exposição e ponto de encontro de centenas de milhares de constantes mudanças de espécies de seres vivos e seres com espíritos, e o coração, o centro, resumo e resultado do universo, e a razão para sua criação, ou seja , com a sua multiplicidade de criaturas, a terra tem suprema importância, e é mantida igual aos poderosos céus, apesar de sua pequenez.

Nos decretos celestiais é sempre dito:

رَبُّ السَّمٰوَاتِ وَ اْلاَرْضِ [38]

Uma vez que há o homem que governa sobre a terra, que dispõe sobre a maioria das criaturas, e submete os seres vivos, reunindo-os em torno de si mesmo em um lugar como uma lista, ordenando, expondo as espécies notáveis, adornando-as, atraindo não apenas a atenção e admiração dos humanos e gênios, mas dos habitantes do céu e do universo, e do olhar apreciativo do Dono do universo, ganhando assim grande importância e alto valor. É quem mostra por meio das ciências e das artes que ele é o propósito da criação do universo, e seu resultado mais importante, o fruto mais precioso e o legatário da terra. E que, por causa deste mundo, ele ordenou e exibiu excelentemente as artes milagrosas do Criador do mundo, que é deixado neste mundo, apesar de sua rebelião e incredulidade, e cuja punição é adiada, e por causa de seu trabalho, cujo termo é prolongado e lhe é permitido o sucesso...

Uma vez que existe um Provedor extremamente poderoso, sábio e compassivo, Que faz do maravilhoso globo um tesouro de todo tipo de metais e minerais que o homem precisa, além de sua força e vontade – que, apesar de ser fraco, impotente e deficiente por natureza e criação, tem inúmeras necessidades e está sujeito a inúmeras dores – e um armazém de cada tipo de alimento, e uma loja estocando tudo que lhe agrada e o atende, e o alimenta, e lhe dá o que ele quer...

E uma vez que há um Sustentador Que é assim, Que ama o ser humano e faz com que o ser humano O ame, Que é duradouro e tem mundos eternos, Que executa todos os trabalhos com justiça e realiza tudo com sabedoria; e uma vez que o esplendor do governo do Soberano Pré-Eterno e Seu governo eterno não podem ser contidos nesta breve vida mundana, e em período efêmero do homem, e na terra temporária e transitória; e uma vez que o delito excessivo e a rebelião que ocorrem entre os homens, que são contrários e se opõem à ordem do universo, à justiça, ao equilíbrio e à beleza, e sua negação, traição, e descrença para com seu Benfeitor, Que os alimenta com ternura, não são punidos neste mundo, e o opressor cruel passa sua vida em facilidade, enquanto os infelizes oprimidos vivem em dificuldades; e uma vez que a justiça absoluta, cujos traços podem ser vistos ao longo do universo, não aceita e de modo algum permite que o tirano cruel e os oprimidos desesperados, sendo iguais perante a morte, não sejam ressuscitados juntos.

E uma vez que o Dono do universo escolheu a terra e homem e deu a este uma alta classificação e importância, Ele escolheu os profetas, santos e purificados, verdadeiros seres humanos que estejam em conformidade com os objetivos da Sua Divindade e com sua crença e submissão fazem-No amá-los. Ele tomou-os como amigos e destinatários, e concedeu milagres e sucesso sobre eles e puniu seus inimigos com golpes celestiais. E fora destes amigos dignos e amáveis Ele escolheu seu líder e fonte de orgulho, Mohammad (Allah o abençoe e lhe dê paz), e por longos séculos, tem iluminado com a sua Luz a metade do globo e um quinto da humanidade; como o universo foi criado para ele, todos os seus propósitos tornam-se evidentes por meio dele, de sua religião e do Alcorão. E embora ele merecesse viver por um tempo infinito em recompensa por seu serviço infinitamente valioso, durante milhões de anos, ele só viveu breves 63 anos de grande dificuldade e esforço. Existe alguma possibilidade, então, que ele não fosse ressuscitado juntamente com todos os seus companheiros e amigos? Que não devem estar agora a viver em espírito? Que deveriam ter sido aniquilados para sempre? Allah nos livre, cem mil vezes! Sim, todo o universo e a realidade da demanda mundial que ele deve ser ressuscitado e rogam ao Dono do universo que ele deve estar vivendo...

E uma vez que no Sétimo Raio, O Sinal Supremo, cada um com a força de uma montanha, os trinta e três consensos poderosos provaram que o universo surgiu de uma única mão e é propriedade de um único ser; demonstraram evidentemente Sua unidade e unicidade, os meios das perfeições divinas, e pela a unidade e unicidade todos os seres tornam-se soldados sob as ordens e funcionários subservientes; e na vinda da Outra Vida, as perfeições são salvas do declínio, a justiça absoluta da crueldade zombeteira, a sabedoria universal do absurdo tolo, a abrangente misericórdia do tormento aviltante, e a dignidade do poder da impotência humilhante.

Certamente e sem qualquer dúvida, como exigidas pelas verdades nesses oito “uma vez que” – oito de centenas de pontos de crença em Allah – o fim do mundo virá e a ressurreição dos mortos ocorrerá. Moradas de recompensa e punição devem ser abertas para que a importância acima mencionada da terra, e sua centralidade e o valor do ser humano devem ser realizados, e a justiça, a sabedoria, a misericórdia acima mencionadas, e a soberania do Onisciente Dispensador, Que é o Criador da terra e do ser humano, e seu Sustentador, serão estabelecidas; e os verdadeiros e ansiosos amigos daquele Sustentador eterno serão salvos da aniquilação eterna; e o mais eminente e digno dos amigos receberá recompensa por seus serviços sagrados, que fizeram todos os seres felizes e gratos, e as perfeições do Soberano Eterno devem ser isentas e dispensadas de culpa e deficiência; Seu poder, da impotência; Sua sabedoria, da loucura; e Sua justiça, da tirania.

Em resumo: Uma vez que Allah existe, o mesmo acontece com a Outra Vida.

Além disso, assim como acontece com todas as evidências que os comprovam, os três pilares da crença, citados acima, testemunham e indicam a ressurreição; assim fazem os dois pilares:

وَ بِمَلٰئِكَتِهِ وَ بِالْقَدَرِ خَيْرِهِ وَ شَرِّهِ مِنَ اللّٰهِ تَعَالٰى[39] também necessitam da ressurreição e testemunham a poderosa forma do reino eterno. É assim:

Todas as evidências que comprovem a existência dos anjos e suas funções de culto, e inúmeras observações deles e conversas com eles, provam indiretamente a existência do Mundo Espiritual, o Mundo do Invisível, o reino eterno, o mundo da Outra Vida, a existência de uma morada de felicidade, o Paraíso e o Inferno, que no futuro deve ser habitados com gênios e humanos. Com a permissão Divina, os anjos podem ver estes mundos e entrar neles. E todos os anjos de alta patente que encontram os seres humanos, como Gabriel, falam, em unanimidade, da existência desses mundos e de viajem ao redor deles. Como temos a certeza, devido à informação de quem vem de lá, que o continente da América existe, apesar de não o termos visto. Por isso, devido às informações sobre os anjos, que têm a força de cem consensos, devemos crer na existência do mundo da eternidade, do reino da Outra Vida, e do Paraíso e do Inferno com a mesma certeza. E, assim, nós acreditamos nele.

Além disso, todas as evidências provando o pilar da "crença na Predestinação", incluídas no Tratado sobre a Predestinação, a Vigésima Sexta Palavra, prova indiretamente a ressurreição dos mortos, o equilíbrio de ações nas escalas supremas, e a publicação das páginas dos feitos. Uma vez que a gravação, diante de nossos olhos, dos cursos indicados de todas as coisas sobre as tábuas de ordem e equilíbrio, e a inscrição das histórias da vida de todos os seres vivos em suas faculdades de memória, e a transcrição dos cadernos de ações de todos os seres com espíritos, e especialmente os seres humanos, na Tábua Preservada, tal compreensiva determinação, sábia divisão, e preciso registro e inscrição de preservação certamente poderia ser apenas o resultado de um julgamento geral em um tribunal supremo criado para limitar a permanente recompensa e punição. Porém, essa gravação e preservação abrangente e precisa, de outra forma seria completamente sem sentido e sem propósito, e contrária à sabedoria e à realidade.

Além disso, se não houvesse ressurreição, todos os certos significados do livro do universo, escritos com a caneta de Predestinação, seriam anulados, o que é completamente impossível. É tão impossível como negar a existência do universo; de fato, é um delírio.

Em resumo: Os cinco pilares da fé demandam com todas as suas evidências a ocorrência da ressurreição e o Juízo Final, e sua existência, assim como a existência e abertura do reino da Outra Vida, e testemunham estes e necessitam deles.

Assim, é porque existem esses vastos e inabaláveis apoios e provas da ressurreição, totalmente em conformidade com a sua vastidão, que quase um terço do Alcorão Sagrado de Exposição Milagrosa é formado pela ressurreição e a vida após a morte, e torna-se a base e o alicerce de todas as suas verdades, construídas sobre ele.

(Fim da Introdução)

SEGUNDA PARTE DO ADENDO

A primeira das nove estações que compõem os nove níveis de provas da ressurreição milagrosamente indicadas no versículo seguinte:

﴿فَسُبْحَانَ اللّٰهِ حِينَ تُمْسُونَ وَحِينَ تُصْبِحُونَ وَلَهُ الْحَمْدُ فِى السَّمٰوَاتِ وَالْاَرْضِ وَعَشِيًّا وَحِينَ تُظْهِرُونَ ۞ يُخْرِجُ الْحَىَّ مِنَ الْمَيِّتِ وَيُخْرِجُ الْمَيِّتَ مِنَ الْحَىِّ وَيُحْيِى الْاَرْضَ بَعْدَ مَوْتِهَا وَكَذٰلِكَ تُخْرَجُونَ﴾[40]

O manifesto de provas e evidências brilhantes do decreto de Allah a respeito da ressurreição contido neste versículo será agora exposto e estabelecido, pela Vontade de Allah.[NOTA]

Em conexão com a Vigésima Oitava Propriedade da Vida foi explicado que a vida considera os seis pilares da fé e os prova; que contém uma série de indícios de sua verdade.

Agora, o resultado mais importante, a substância e a razão para a criação do cosmos não é outro senão a vida. E ela, a verdade exaltada, não pode, de forma alguma, ser restrita a esta fase mundana transitória, breve, com defeito e dolorosa. Pelo contrário, a finalidade e o resultado da árvore da vida, o esplendor da qual pode ser deduzido a partir das suas vinte e nove propriedades, os frutos daquela árvore digna de seu esplendor, é a vida eterna, da vida futura, é aquela no reino eterno, onde até as pedras, as árvores e o solo serão dotados de vida. Caso contrário, seguirá que a árvore da vida, tão abundantemente decorada com instrumentos significativos, não produzirá frutos, benefício ou verdade para os seres animados, especialmente o ser humano, o que em sua substância e faculdades é

NOTA: Toda a estação ainda não foi escrita e incluída aqui por causa da relevância do tema da vida até a ressurreição. Além disso, contém uma alusão sutil e profunda para o pilar da Determinação Divina no final do tema da vida.

vinte vezes superior ao pardal. E de fato o mais importante e elevado de toda a criação, cairá para um grau vinte vezes inferior ao do pardal, com relação à felicidade de sua vida, ele será o mais infeliz e humilhado dos miseráveis.

Da mesma forma, a inteligência, o mais precioso dos presentes dados ao homem, vai ferir seu coração com a reflexão constante das dores do passado e os medos do futuro, que misturará nove dores com todo o prazer e, assim, tornar-se-á um desastre para o ser humano. Agora, isso é falso ao centésimo grau. A vida deste mundo, portanto, prova decisivamente o pilar da fé, que é a crença na vida após a morte e apresenta aos nossos olhos a cada primavera mais de trezentos mil exemplares da ressurreição.

Será possível que um Agente Todo-Poderoso, Que prontamente fornece provisão, com sabedoria, solicitude e misericórdia, todos os instrumentos e as ferramentas necessárias para a sua vida, em seu corpo, o seu jardim e sua pátria, Que ouve e responde à oração privada e particular feita para o sustento de seu estômago, para o bem de sua vida e sobrevivência, Que mostra a Sua aceitação daquela oração por meio de numerosos alimentos deliciosos – será possível que tal Ser não esteja ciente de você ou que Ele não fosse provê-lo com os meios de vida eterna, o maior objetivo da espécie humana? Será possível que ele não aceitasse a maior, a mais importante, mais digna e mais universal oração para a eternidade da espécie humana, estabelecendo a vida eterna e criando o Paraíso? Será possível que Ele não atenderá a oração universal e insistente da espécie humana, a criatura mais importante do cosmos, o monarca da terra, uma oração que ressoa em todo o céu e a terra, e não prestará a mesma atenção, ou lhe concederá o mesmo prazer, como um pequeno estômago? Será possível que Ele deverá, portanto, fazer com que a Sua sabedoria perfeita e infinita misericórdia seja negada? Não, cem mil vezes não!

Mais uma vez, será possível que Ele ouve a voz mais secreta do mais diminuto dos seres, cura a sua dor e socorre sua queixa, que Ele o alimenta com o máximo cuidado e consideração e faz criaturas maiores que ele a servi-lo – será possível que Ele faz tudo isso e não ouve o trovejante choro de vida, a forma maior, mais preciosa, mais eterna e mais delicada da vida? Que ele deveria pagar nenhuma atenção a sua poderosa oração e súplicas pela eternidade? Seria como equipar um único soldado com o maior cuidado e ignorar totalmente um vasto e obediente exército! Como ver um cisco e sobrelevar o sol! Como ouvir o zumbido de uma mosca e não ouvir o barulho do trovão! Não, cem mil vezes, não!

Mais uma vez, pode a inteligência em tudo aceitar que um ser Todo-Poderoso e Todo-sábio, Cuja misericórdia, amor e solicitude são infinitos, Que ama a Sua própria arte, Que faz com que seja amado, e Quem ama muito aqueles que O amam – pode aceitar que tal Ser aniquilaria, pela morte permanente uma vida que O ama muito, que ela própria é adorável e que instintivamente adora seu Criador? E a essência e a joia daquela vida, o espírito? Que Ele ofenderia e insultaria Seu amante e amado por toda a eternidade, que Ele iria ferir seus sentimentos e negaria a Si Mesmo, e faria com que os outros negassem o mistério da Sua misericórdia e a luz do Seu amor? Não, cem mil vezes, não! Uma beleza absoluta que adorna a criação com a sua manifestação e à mercê absoluta que faz todas as criaturas alegres é, sem dúvida, isenta e purificada de tal feiura infinita, tal abominação absoluta e impiedade.

O resultado, então, é que, considerando a existência de vida, aqueles homens que entendem o propósito da vida e que não abusam de suas vidas se tornarão manifestações da vida eterna no reino da eternidade e o Paraíso eterno. Neste acreditamos. Assim, também, o brilho de objetos reluzentes encontrados na terra por meio da reflexão da luz solar, o breve brilho na superfície do oceano de pequenas bolhas por meio de lampejos de luz, e a vinda em seu lugar de outras bolhas que como eles seguram um espelho para toda uma série de sóis imaginários – isso demonstra concretamente que esses lampejos são a manifestação do reflexo de um dom supremo. Com as suas línguas múltiplas, eles fazem menção àquele sol e apontam na direção dele com os dedos luminosos.

Assim, também, a forma na qual, pela suprema manifestação do Nome '"Doador da Vida" do ser vivo e autossubsistente, existem todos os seres animados sobre a face da terra e nas profundezas do brilho do mar, pelo poder de Allah, e, em seguida, desaparecem por trás do véu do invisível, dizem: "O Eternamente Vivente", a fim de dar espaço áqueles que os seguem – o que representa uma série de testemunhos e as indicações da vida e da necessária existência do Vivente e Autossubsistente Ser.

Da mesma forma, todas as provas que testemunham o conhecimento Divino os traços dos quais são visíveis na ordenação de todos os seres, todas as evidências que provam a existência de um poder trabalhando a sua vontade em toda a criação, todos os argumentos que apontam para a vontade e intencionalidade dominando a ordem e a administração do cosmos; todos os sinais e milagres que atestam a mensagem dos Profetas, os meios de discurso divino e da revelação divina, e as indicações testemunham os sete atributos da Divindade – todos eles apontam, testemunham e indicam, por unanimidade, a vida do Vivo e Autossubsistente Ser. Porque, se a faculdade da visão está presente em uma coisa, também deve haver vida. Se houver audição, este também é um sinal de vida. Se houver fala, isso também aponta para a existência de vida. Se houver escolha e vontade, isso também aponta os fenômenos da vida.

Da mesma forma, os atributos da existência do que é comprovado e auto evidente, em virtude de suas marcas em todo o cosmos, os atributos tais como Poder Absoluto, vontade toda-abrangente e conhecimento abrangente, testemunham com todas as suas provas da vida a necessária existência do Ser Vivo e Autossubsistente. Eles atestam a Sua vida eterna, uma sombra da qual é suficiente para iluminar todo o cosmos, e uma manifestação do que suficiente para dar vida à Outra Vida, juntamente com todas as suas partículas.

O atributo Divino de vida também está relacionado com o pilar da crença nos anjos, e o prova por meio de indicação. Uma vez que o mais importante de todos os objetivos do cosmos é a vida, e os seres animados constituem a forma mais comum da criação, com suas amostras multiplicadas por conta de seu valor, pois eles constantemente animam a hospedaria do mundo, com o ir e vir de suas caravanas. Além disso, o mundo, o qual é preenchido com tantas espécies de seres animados, está constantemente a ser esvaziado e estas diferentes espécies são renovadas e multiplicadas, e os seres animados são criados na multiplicidade mesmo nas substâncias mais vis e corrompidas, para que aconteça, como uma ressurreição constante de micróbios. Finalmente, a consciência e a inteligência, que são a essência destilada da vida e do espírito, que é a sua substância sutil e estável, também são criados em todos os lugares do globo na maior multiplicidade, de modo que é como se o mundo se animasse e se regozijasse pela vida, intelecto, consciência e espírito. Se levarmos em consideração todo o exposto, é totalmente impossível que os corpos celestes, que são mais sutis, mais luminosos, maiores e mais importantes do que o mundo, estejam mortos, rígidos, sem vida, e mudos.

Devem, pois, existir e serem providos com a propriedade de vida, de conscientes e animados seres que animam os céus, os sóis, e as estrelas, conceder-lhes a sua vitalidade, manifestar o resultado do propósito para a criação dos céus, e receberem o endereço do Criador Glorioso. Estas criaturas, de natureza adequada para os céus, são nada menos que os anjos.

Da mesma forma, a essência mais íntima da vida simbolicamente comprova o pilar da crença nos profetas. Uma vez que o cosmos foi criado por causa da vida, e esta é por sua vez uma das manifestações supremas do Vivo, Autossubsistente e Eterno, ela é um de seus projetos mais perfeitos, uma de suas artes mais formosas. Além disso, a vida eterna de Allah se manifesta apenas com o envio de mensageiros e a revelação de livros. Se não houvesse livros ou profetas, então a vida eterna permaneceria desconhecida. Quando um homem fala, ele é reconhecido por estar vivo. Da mesma forma, são os profetas e os livros revelados que tornam reais as palavras e decretos do Ser Que, por trás do mundo do invisível que é velada pelos cosmos, expressa, fala e emite seus mandamentos e proibições. Assim como a vida existente no cosmos presta testemunho decisivo para a existência necessária do Vivo e Eterno, também há que apontar e indiretamente confirmar os pilares da crença no envio de mensageiros e a revelação das escrituras. Pois estas são os raios, as manifestações e as relações daquela vida eterna. E, especialmente, a Mensagem de Mohammad (Allah o abençoe e lhe dê paz), e a revelação do Alcorão, uma vez que eles são como o próprio espírito e o intelecto da vida, sua veracidade é tão indiscutível como a existência dela.

A vida é, então, a essência destilada do cosmos; a consciência e os sentimentos são a essência destilada de vida; o intelecto é a essência destilada da consciênciados sentimentos e o espírito, enfim, é a substância pura e imaculada, a essência estável e autônoma, que está no cerne da vida. Assim, também, a vida do Profeta Mohammad – Allah o abençoe e lhe dê paz, tanto no seu exterior e seus aspectos internos é a essência destilada da vida e do espírito do cosmos, e a Mensagem de Mohammad (Allah o abençoe e lhe dê paz) é a essência pura e destilada do sentimento, a consciência e o intelecto dos cosmos. Pelo contrário, a vida do Profeta Mohammad (Allah o abençoe e lhe dê paz) em seus aspectos exteriores e interiores é, como os séculos deram testemunho, a própria essência da vida do cosmos, e da profecia de Mohammad (Allah o abençoe e lhe dê paz) é a própria luz e a essência da consciência do cosmos. A revelação do Alcorão é também o espírito da vida do cosmos e o intelecto de sua consciência.

Certamente, se a luz da Mensagem de Mohammad (Allah o abençoe e lhe dê paz) fosse afastar-se do cosmos e desaparecer, o cosmos morreria. Se o Alcorão partisse, o cosmos perderia sua sanidade, e o mundo perderia seu sentido e sua cabeça. Sua tonta e incompreensível cabeça colidiria com um planeta, e o fim do mundo seria o resultado.

A vida também olha para o pilar da crença na Predestinação, e o prova indiretamente. Uma vez que a vida é a luz do Manifesto Mundial, e o domina, e é o resultado e o objetivo da existência, e uma vez que é o espelho mais abrangente do Criador do universo e da amostra mais perfeita e índice de atividade divina, e – que não haja erro na comparação – é como uma espécie de programa, com certeza, o mistério da vida exige que as criaturas no mundo do Invisível, isto é, o passado e o futuro, os que foram e vêm, estejam predispostos a obedecer à ordem, à regularidade. Sendo conhecida e observada, a existência individual específica, e os comandos de criação, que são suas vidas em um aspecto.

A semente original de uma árvore e sua raiz, bem como as sementes contidas no seu fruto e o resultado final, todos manifestam uma espécie de vida, nada menos do que a própria árvore; na verdade, elas carregam nelas as próprias leis da vida mais sutis do que aquelas da árvore. Da mesma forma, as sementes e as raízes deixadas pelo último outono, antes da atual primavera, bem como as sementes e raízes que serão deixadas pelas primaveras subsequentes após esta primavera partir – todas elas arcam com as manifestações da vida, justamente como na Primavera deste ano, e estão sujeitas às leis da vida. Da mesma forma, todos os ramos e galhos da árvore cósmica cada um tem um passado e um futuro. Eles têm uma cadeia composta de estágios passados e futuros e circunstâncias. As múltiplas vivências e estágios de cada espécie e cada membro de cada espécie, existentes no conhecimento Divino, forma uma cadeia de estar no conhecimento de Allah, e tanto a sua existência externa, e sua existência no conhecimento de Allah, é uma manifestação da vida universal que atrai todos os aspectos de sua vida a partir dessas Tábuas significativas e vitais da Predestinação.

O fato de que o mundo dos espíritos – que é uma forma do mundo invisível – está cheio da essência da vida, a questão da vida e os espíritos, que são as substâncias e essência da vida, exige e necessita de uma certeza que o passado e o futuro - que são outra forma do mundo invisível e seu segundo segmento - também deve receber a manifestação da vida.

Além disso, a perfeita ordem, as circunstâncias significativas e frutas vitais e estágios inerentes à existência de um dado dentro do conhecimento de Allah, também demonstram a manifestação de um tipo de vida. Tal manifestação da vida, que é a luz emitida pelo sol da vida eterna, não pode ser limitada a este mundo manifesto, este tempo presente, esta existência externa. Ao contrário, cada mundo recebe a manifestação daquela luz de acordo com sua capacidade, e o cosmos, juntamente com todos os seus mundos está vivo e iluminado por ele. Caso contrário, como o equivocado imagina, debaixo de uma vida temporária e aparente, cada mundo seria um grande e terrível cadáver, uma ruína escura.

Um amplo aspecto do pilar da fé da Predestinação e do Decreto é, então, compreendido pelo mistério da vida e é por ele estabelecido. Assim como a vida e a vitalidade do mundo manifestas e existentes, os objetos visíveis tornam-se evidentes a partir de sua ordem e as consequências de sua existência, também as criaturas do passado e do futuro – consideradas como pertencentes ao Mundo do Invisível – têm uma existência imaterial e um tipo da vida, e uma presença espiritual no conhecimento de Allah. O traço da vida e a presença se manifestam e são conhecidos por meio da Tábua da Predestinação, do Decreto e por todas as etapas e circunstâncias de suas vidas externas e vivências.

***

TERCEIRA PARTE DO ADENDO

A questão relacionada com a ressurreição dos mortos:

O versículo frequentemente repetido,

﴿إِنْ كَانَتْ اِلاَّ صَيْحَةً وَاحِدَةً﴾[41]

E o versículo,[42] ﴿وَمَا اَمْرُ السَّاعَةِ اِلاَّ كَلَمْحِ الْبَصَرِ﴾ mostram que a ressurreição dos mortos e a Grande Congregação irão ocorrer instantaneamente, num piscar de olhos. Mas a razão estreita do homem requer algum exemplo concreto para que ele possa conceber deste maravilhoso, extraordinário, e evento sem precedentes, e aceitá-lo.

A Resposta: Na ressurreição, haverá o retorno dos espíritos para seus corpos, a revivificação dos corpos, e a reconstrução dos corpos. É composto de três assuntos.

O PRIMEIRO ASSUNTO: Um exemplo do retorno dos espíritos para seus corpos é a reunião, num só toque de trombeta, dos membros de um exército bem disciplinado depois de se terem dispersado para descansar. Sim, o Soar do Anjo Israfil não é menos poderoso do que uma trombeta de exército. Os espíritos, também, que, enquanto na pós-eternidade, respondem com: قَالُوا بَلَى[43] à pergunta:

﴿اَلَسْتُ بِرَبِّكُمْ﴾[44], que vem desde a pré-eternidade, são infinitamente mais subjugados, disciplinados e obedientes que os soldados de um exército. A Trigésima Palavra demonstrará com provas decisivas de que não apenas os espíritos, mas todas as partículas formam um exército Divino e são seus comandos soldados.

O SEGUNDO ASSUNTO: Um exemplo para a revivificação dos corpos é o surgimento de vida em um instante das centenas de milhares de lâmpadas elétricas de uma grande cidade em uma noite festiva, ligadas a partir de um centro. Seria possível iluminar da mesma forma uma centena de milhões de lâmpadas espalhadas pela face da terra a partir de um centro. Uma vez que, com treinamento e instrução na regularidade e ordem que recebeu do seu Criador, a criatura de Allah Todo-Poderoso é como a eletricidade – umservo e castiçal em Sua casa de hóspedes – possui esta qualidade, certamente a ressurreição dos mortos poderia ocorrer num abrir e fechar de olho dentro dos limites das leis regulares da Sabedoria Divina que milhares de funcionários luminosos representam, como a eletricidade.

O TERCEIRO ASSUNTO: Um exemplo para a reconstrução dos corpos instantaneamente é a reconstrução perfeita dentro de alguns dias de todas as árvores na primavera, que são muito mais numerosas do que toda a humanidade, juntamente com todas as suas folhas, exatamente da mesma maneira como os da primavera anterior; e criá-los, mais uma vez como os das primaveras anteriores, todas as flores, frutos e folhas das árvores, com a velocidade de um raio; e o despertar repentino dos números incontáveis de sementes, grãos e raízes, que são a fonte da primavera, e seus desdobramentos e serem ressuscitado para a vida; e refletindo o significado de "ressurreição após a morte", o aumento repentino da vida ao comando dos corpos erguidos de esqueletos das árvores; a reanimação dos inúmeros membros de todas as espécies de pequenos animais; e a revivificação de todos os tipos de insetos voadores, particularmente aqueles que, continuamente limpam seus rostos, olhos e asas, lembram-nos de nossas abluções e limpeza, e acariciam nossos rostos – a ressurreição e o refazer de todos os membros desta tribo dentro de poucos dias a cada primavera diante dos nossos olhos, juntamente com todas as outras espécies, apesar de serem em maior número do que toda a humanidade, desde o tempo de Adão, não fornecem um só exemplo da reconstrução de todos os corpos dos seres humanos na ressurreição, mas milhares.

Sim, desde que este mundo é o reino da sabedoria e o outro o domínio de poder, vários Nomes Divinos, como Onisciente, Arranjador, Dispensador e Nutridor exigem que a criação de coisas neste mundo seja gradual e ao longo do tempo. Na outra vida, porém, o Poder e a Misericórdia se manifestam mais do que sabedoria, e não havendo necessidade para a matéria, o tempo e a espera, as coisas vão ser feitas instantaneamente. Aludindo ao fato de que as coisas que são feitas aqui em um dia ou em um ano, serão feitas no futuro em um instante ou um lampejo, o Alcorão Sagrado afirma:

﴿ وَمَا اَمْرُ السَّاعَةِ اِلاَّ كَلَمْحِ الْبَصَرِ اَوْ هُوَ اَقْرَبُ ﴾[45]

Se você quer ser tão certo sobre a ocorrência da ressurreição dos mortos como você está com a chegada da próxima primavera, estude a Décima e a Vigésima Nona Palavras cuidadosamente, que são sobre isso, e você vai ver! Se não acreditar nisso, como vai ocorrer a chegada da primavera, deve pedir-me contas de forma crítica!

O QUARTO ASSUNTO: A morte do mundo e o Dia da Ressurreição. A súbita colisão com este mundo, a nossa casa de hóspedes, a um comando divino, de um planeta ou cometa, poderia acabar com esta nossa morada. Como a destruição em um minuto de um palácio cujo edifício levou dez anos para ser construído.

***

QUARTA PARTE DO ADENDO

﴿قَالَ مَنْ يُحْيِ الْعِظَامَ وَهِيَ رَمِيمٌ ۞ قُلْ يُحْيِيهَا الَّذِي أَنْشَأَهَا أَوَّلَ مَرَّةٍ وَهُوَ بِكُلِّ خَلْقٍ عَلِيمٌ﴾[46]

Como foi ilustrado na terceira comparação na Nona Verdade da Décima Palavra, algum personagem pode um dia convocar diante de seus olhos um grande exército. Se alguém, em seguida, disser: "Esse personagem é capaz de convocar as tropas de seu exército, que havia se dispersado para descansar, e montá-lo novamente em batalhões", e você dissesse: "Eu não acredito nisso," você sabe muito bem quão louca seria sua negação. Assim também, um Todo-Poderoso e Onisciente Ser Que do nada gravou e colocou no lugar, com o comando de: [47]﴿كُنْ فَيَكُونُ﴾, todas as partículas e os aspectos sutis dos corpos de todos os animais e outros seres animados, como se fossem um exército com a máxima regularidade e equilíbrio sábio, e quem cria cada século, ou melhor, a cada primavera, as centenas de milhares de diferentes espécies e grupos de seres animados que povoam a face da terra, cada um como um exército – como um ser pode se reunir, com um sopro da trombeta de Israfil, todas as partículas fundamentais e componentes originais que gostam de conhecimento mútuo por meio da apresentação conjunta com a ordem do corpo que corresponde a um batalhão. Se você dissesse: "Como pode ser isso?" Ou considerá-la improvável, seria loucura idiota.

Às vezes, acontece no Alcorão que, a fim de impressionar o coração com os prodígios Ele realizará no futuro e preparará a mente para a aceitação deles, Allah Todo-Poderoso menciona os prodígios que Ele realiza neste mundo como uma espécie de preparação. Alternativamente, Ele pode, por vezes, mencionar os prodígios Ele realizará no futuro e na Outra Vida de tal forma que estamos convencidos deles, por analogia com os atos semelhantes que observamos neste mundo. Um exemplo é fornecido pelo versículo:

﴿اَوَ لَمْ يَرَ الْاِنْسَانُ اَنَّا خَلَقْنَاهُ مِنْ نُطْفَةٍ فَاِذَا هُوَ خَصِيمٌ مُبِينٌ﴾[48]

e pelos versículos restantes da mesma surata. O Alcorão Sagrado, portanto, comprova a questão da ressurreição em sete ou oito formas diferentes.

Primeiro, ele dirige a atenção do homem para suas próprias origens. Ele diz: "Você vê como você avançou de uma gota de esperma para uma gota de sangue, de uma gota de sangue para um pedaço amorfo de carne, e de um pedaço amorfo de carne para a forma humana. Como, então, você pode negar a sua segunda criação? É exatamente como a primeira, ou até mesmo mais fácil de realização para Allah." Allah Todo-Poderoso também Se refere às grandes bênçãos que Ele concedeu ao homem com frases como: ﴿اَلَّذِى جَعَلَ لَكُمْ مِنَ الشَّجَرِ الْاَخْضَرِ نَارًا﴾[49] e diz ao ser humano: "Será que o Ser Que assim concedeu graça a você irá deixá-lo fazer o que quiser, de tal maneira que você entra na cova para dormir sem se levantar de novo?" Ele também aponta para o seguinte: "Você vê como as árvores mortas ganham vida e crescem verdes novamente. Recusando-se a considerar como um paralelo a reanimação de seus ossos, que se assemelham a madeira seca, você descarta o assunto inteiro como improvável. Agora é de todo possível que Aquele Que cria os céus e a terra não deve ser habilitada ao longo da vida e da morte do ser humano, o fruto do céu e da terra? Você imagina que Ele faria sem frutas e em vão a árvore da criação que Ele tem moldado com sabedoria em todas as suas partes, abandonando o resultado supremo daquela árvore?"

O Alcorão diz ainda: O Ser Que vai restaurá-los para a vida na ressurreição é de tal forma que todo o cosmos é como um soldado obediente d'Ele. Ele curva sua cabeça submissamente sempre que ouve a ordem:

﴿كُنْ فَيَكُونُ﴾[50] Criar uma primavera é mais fácil para Ele do que a criação de uma flor. Criar todo o reino animal é tão fácil para o Seu poder como a criação de uma mosca. Ninguém pode subestimá-Lo e desafiar Seu poder, dizendo-Lhe:

﴿مَنْ يُحْيِي الْعِظَامَ﴾[51]

Em seguida, no versículo,

﴿فَسُبْحَانَ الَّذِى بِيَدِهِ مَلَكُوتُ كُلِّ شَىْءٍ﴾[52] vemos que o índice de todas as coisas está na Sua Mão, a chave de todas as coisas está em Seu poder. Ele gira o dia e a noite, o inverno e o verão, com tanta facilidade como se Ele estivesse virando as páginas de um livro. Ele é um Ser Todo-Poderoso, Glorioso Quem fecha a porta a este mundo e a abre na Outra Vida, como se fossem duas estações. Sendo este o caso, como resultado das evidências mencionadas,

﴿وَاِلَيْهِ تُرْجَعُونَ﴾[53]

Isto é, Ele vai trazê-los de volta à vida de seus túmulos, levá-los para a planície da ressurreição, e julgá-los em Sua presença majestosa.

Agora, esses versículos preparam a mente e preparam o coração para aceitar a realidade da ressurreição, pois eles demonstraram paralelos à ressurreição em processos mundanos. Às vezes, também acontece que Ele menciona as ações que Ele executará na Outra Vida, de tal forma a chamar a atenção para seus paralelos do mundo, de modo que não haverá espaço a ser deixado para a dúvida e negação. Exemplos disso são as Suratas introduzidas por estes versículos:

﴿اِذَا الشَّمْسُ كُوِّرَتْ﴾[54]... ﴿اِذَا السَّمَاءُ انْفَطَرَتْ﴾[55]...

...﴿ إِذَا السَّمَاءُ انْشَقَّتْ ﴾[56]

Nestas Suratas, Allah Todo-Poderoso menciona a ressurreição e as vastas revoluções e atos divinos que terão lugar naquele tempo, de tal forma que o homem pensa em seus paralelos mundanos que ele viu no outono e na primavera, e depois, com temor no seu coração, aceita facilmente o que o intelecto, caso contrário, recusar. Mesmo indicar o sentido geral das três suratas que acabamos de mencionar levaria muito tempo. Vamos, então, tomar simplesmente uma palavra como uma amostra do todo. Com as palavras:

﴿ إِذَا الصُّحُفُ نُشِرَتْ ﴾[57]

Allah Todo-Poderoso expressa o seguinte: Após a ressurreição, as ações de todos serão reveladas em uma página escrita. Este parece ser muito estranho, e totalmente fora do alcance da razão. Mas, como a Surata indica, assim como a ressurreição da primavera é um paralelo com outras matérias, assim também a "abertura de páginas" tem um paralelo muito claro. Cada árvore frutífera, cada planta com flor tem seus atos, ações e funções. Ela executa certo tipo de culto, dependendo da forma em que se glorifica a Allah com as manifestações de Seus nomes. Agora todos os seus atos e os registros de sua vida estão inscritos em todas as sementes que estão a surgir na próxima primavera em outro lote de terra. Com a língua de conteúdo e forma, as sementes fazem eloquente menção às origens dessas obras, e espalham a página de ações em conjunto com o ramo, a folha, a flor e o fruto. Aquele que diz:

﴿ إِذَا الصُّحُفُ نُشِرَتْ ﴾ é o mesmo Ser Que realiza, diante de nossos olhos, esses, atos sutis de preservação, alimentação e sabedoria.

Compare outros assuntos com este, e deduza a verdade, se você tem capacidade. Vamos ajudá-lo com o seguinte: O versículo:

﴿إِذَا الشَّمْسُ كُوِّرَتْ﴾, refere-se a uma similitude brilhante e dicas em seu paralelo:

Primeiro: Allah Todo-Poderoso tem deixado de lado as cortinas do não ser, o éter e os céus para produzir de Seu tesouro de misericórdia e mostrar ao mundo uma lâmpada joi – iluminando o mundo – o sol. Depois de fechar o mundo, Ele irá envolver a joia mais uma vez em seus véus e removê-la.

Segundo: O sol pode ser descrito como um funcionário incumbido da tarefa de distribuir a mercadoria da luz sobre o mundo, e fazer com que a escuridão a suceda. Todas as noites, o funcionário é obrigado a recolher a luz. Por vezes, pode acontecer também que seu comércio possa ser abrandado quando ele está escondido pelo véu de uma nuvem. Em outros momentos, pode ser que a lua também formará um véu, e dificultará a sua tarefa. Ora, assim como esse funcionário tem seus bens e livros contábeis recolhidos para inspeção, também ele um dia será demitido das suas funções. Mesmo se não houver motivo para a sua demissão, há duas manchas escuras no sol – agora pequenas, mas passíveis de crescer, que um dia crescerão a ponto de o sol ser levado de volta, por ordem Divina, a luz que agora envolve a cabeça da terra, e a envolve em torno de sua própria cabeça. Será, então, dito: "Vem, sua tarefa na Terra está completa. Vá para o Inferno, e queime lá aqueles que adoraram você e, assim, ridicularizados com a infidelidade de um servo obediente como você." Com o seu próprio rosto escuro e cheio de cicatrizes, ele lerá o decreto, ﴿إِذَا الشَّمْسُ كُوِّرَتْ﴾.

QUINTA PARTE DO ADENDO

Os cento e vinte e quatro mil profetas,[58] que estão de acordo com a explícita tradição profética a parte escolhida da humanidade, têm, por unanimidade e com um acordo relatado, em parte com base na visão direta e em parte com base na certeza absoluta, que a Outra Vida existe e que todos os seres serão levados a ela como o Criador tem firmemente prometido.

Da mesma forma, os cento e vinte e quatro milhões de santos que confirmam os relatos dos profetas por meio da revelação e o testemunho, dão testemunho da existência da Outra Vida, na forma de certo conhecimento, e também dão testemunho da existência de vida após a morte. Todos os Nomes do Todo-Sábio Criador do cosmos também necessita a existência de um reino eterno pelas manifestações que exibem neste mundo.

A existência de vida após a morte é ainda necessária em virtude do Poder Eterno infinito, a sabedoria eterna ilimitada e exata, que revive a cada primavera as inúmeras árvores mortas, espalhados por toda a terra com o comando de ﴿ كُنْ فَيَكُونُ ﴾[59], assim fazendo deles manifestações de وَ الْبَعْثُ بَعْدَ الْمَوْتِ[60] e que ressuscita trezentas mil espécies diferentes dos diversos grupos de plantas e nações de animais, como centenas de milhares de exemplares da ressurreição Suprema.

A existência de vida após a morte também é necessária por uma Misericórdia Eterna e permanente graça que sustenta de forma maravilhosa e solícita todos os seres animados que estão na necessidade de cultivar, e que exibem a cada primavera, em brevíssimo tempo, infinitas variedades diferentes de adorno e beleza. Finalmente, há a prova evidente e indicação dada pelo intenso, inabalável e permanente amor, da eternidade, o anseio pela imortalidade e a esperança de permanência que são apresentados no homem, a criação mais amada do Criador do cosmos, e cuja preocupação com todos os seres do cosmos é a maior.

Tudo o que precede prova firmemente que depois deste mundo transitório, haverá um mundo eterno, a seguir, um reino de felicidade, que somos obrigados a aceitar a existência de uma vida futura como, indiscutivelmente, aceitamos a existência deste Mundo.[NOTA]

Uma das mais importantes lições que nos ensina o Alcorão Sagrado, é, então, a crença na vida após a morte. Essa crença é tão firme e contém dentro de si tão poderosa esperança e um consolo que se uma pessoa for assaltada por velhice cem mil vezes, o consolo derivado dessa crença sera totalmente suficiente. Dizendo:

[61]اَلْحَمْدُ لِلّٰهِ عَلَى كَمَالِ الْاِيمَانِ; nós as pessoas de idade devemos nos regozijar na velhice.

NOTA: Pode ser deduzido desta comparação quão fácil é fazer uma afirmação positiva e como é difícil fazer uma negativa e negação. Se, por exemplo, alguém dissesse, "Existe em algum lugar nesta terra um jardim maravilhoso contendo leite em lata", e alguém disser, "não existe", quem afirmou só precisa apontar para o lugar daquele jardim ou mostrar algum de seus frutos, a fim de provar sua alegação. O negador, pelo contrário, terá que inspecionar e exibir todo o mundo, para justificar sua negação. Assim também o depoimento de duas testemunhas verídicas será suficiente para estabelecer a existência do Paraíso, para além das centenas de milhares de vestígios, frutas e indicações demonstradas por aqueles que afirmam a sua existência. Aqueles que negam deve examinar, explorar e peneirar o cosmo infinito e o tempo infinito antes que eles possam provar a sua negação e demonstrar a não existência do Paraíso. Assim, ó irmãos meus com idade, entendam como é firme a crença na Vida Futura.

A Vigésima Nona Palavra

Esta Vigésima Nona Palavra é sobre a Imortalidade do Espírito, dos Anjos, e da Ressurreição.

اَعُوذُ بِاللّٰهِ مِنَ الشَّيْطَانِ الرَّجِيمِ

بِسْمِ اللّٰهِ الرَّحْمٰنِ الرَّحِيمِ

﴿تَنَزَّلُ الْمَلٰئِكَةُ وَالرُّوحُ فِيهَا بِاِذْنِ رَبِّهِمْ﴾

﴿قُلِ الرُّوحُ مِنْ اَمْرِ رَبِّى﴾

[Este tratado é composto por uma introdução e dois objetivos principais]

INTRODUÇÃO

Pode-se dizer que a existência dos anjos e seres espirituais é tão definitiva quanto a dos seres humanos e dos animais. Na verdade, como é explicado na Primeira Etapa da Décima Quinta Palavra, a realidade, sem dúvida, requer e a sabedoria certamente exige que como a terra os céus tenham habitantes, e que seus habitantes sejam inteligentes, e adequados. Na língua da Chari'a, esses habitantes, dos quais existem vários tipos, são chamados de anjos e seres espirituais.

A realidade exige que seja assim. Pois, apesar da pequenez e insignificância da Terra em relação aos céus, ser preenchida com seres inteligentes e de tempos em tempos ser esvaziada e depois recarregada com novos seres sugere – na realidade informa claramente – que os céus também, com suas constelações majestosas como palácios adornados, estão cheios de criaturas animadas, a luz da luz da existência, e as criaturas conscientes e inteligentes, a luz de criaturas animadas. Como os humanos e os gênios, essas criaturas são espectadoras do palácio do mundo, e ponderosos sobre o livro do universo, e arautos deste reino da religiosidade. Com a sua universal e seu culto abrangente, eles representam a glorificação dos grandes e universais seres do universo.

A natureza do universo certamente aponta para sua existência. Uma vez que é embelezado e decorado com incontável número de obras de arte finamente adornadas e significativas decorações e bordadores sábios, que evidentemente exigem os olhares de admiradores pensativos e admiráveis amantes apreciativos; exigem a sua existência. Sim, assim como a beleza requer um amante, a comida é dada a quem tem fome. Assim, o sustento dos espíritos e a nutrição dos corações nesta beleza da arte sem limites olham para os anjos e os seres espirituais; ele aponta para elas. Por enquanto, este adorno infinito exige uma obrigação infinita da contemplação e da adoração, os humanos e os gênios podem executar apenas um milionésimo do dever infinito, aquela supervisão prudente, aquela extensa adoração. Isto significa que as variedades infinitas de anjos e seres espirituais são necessárias para desempenhar essas funções, e preencher e habitar a mesquita poderosa do mundo, com suas fileiras.

Na verdade, uma espécie de seres espirituais e anjos está presente em todos os aspectos, em todas as esferas do universo, cada encarregada com um dever de adoração. Pode-se dizer de acordo com ambas as narrações dos Hadices e da sabedoria na ordem do mundo, que a partir de planetas e estrelas sem vida até as gotas de chuva, todos são navios ou veículos para uma espécie de anjo. Os anjos montam esses veículos com permissão Divina e viajam observando o Mundo Manifesto; eles representam o seu louvor e glorificação.

Pode-se também dizer que certos tipos de organismos vivos atuam como aviões para diferentes tipos de espíritos. Uma vez que, as aves do paraíso, chamados de pássaros verdes طُيورٌ خُضرٌ em um Hadice, dizem: "Os espíritos do povo do Paraíso entram em Pássaros Verdes no Reino de Intermediário e viajam neles em torno do Paraíso"[62], para voar, cada uma é um veículo para um tipo de espírito. Os espíritos entram neles perante uma Ordem Divina, e por meio das faculdades e dos sentidos desses corpos vivos, como os olhos e ouvidos, observam os milagres da criação do mundo corpóreo. Eles executam a glorificação particular de cada um.

Já que a realidade exige que assim seja, dessa forma faz a sabedoria. Pois, com uma intensa atividade, o Onisciente Criador cria continuamente a vida sutil e seres luminosamente inteligentes de terra densa, que têm pouca ligação com o espírito, e de água turva, que tem pequena relação com a luz da vida. Ele certamente cria certos tipos de seres inteligentes dos mares de luz e até mesmo dos oceanos da escuridão, do ar, da energia elétrica e de outros materiais adequados para sutis e apropriadas espíritos para a vida. E, certamente, essas criaturas são extremamente numerosas.

PRIMEIRO OBJETIVO

Acreditar em anjos e afirmar que a crença é um dos pilares da fé. Existem quatro Pontos fundamentais neste objeto.

Primeiro Ponto Fundamental

A perfeição da existência é a vida. Ou melhor, a verdadeira existência da existência é a vida. A vida é a luz da existência e a consciência é a luz da vida. A vida é o ápice e a base de tudo. A vida se apropria de tudo para os seres vivos; é como fazer uma coisa o dono de tudo. Por meio da vida, uma coisa viva pode dizer: "Todas essas coisas me pertencem. O mundo é a minha casa. O universo é minha propriedade, dado a mim por meu dono".

Assim como a luz é a causa das coisas que são vistas e, segundo alguns, da existência das cores, assim é a vida o revelador dos seres; é a causa das suas qualidades serem realizadas. Além disso, de um insignificante particular transforma em geral e universal, e é a causa de coisas universais serem concentradas em um particular. Ela também é a causa de todas as perfeições de existência, por exemplo, para fazer inúmeras coisas cooperarem e se unirem, e torná-las os meios de unidade e serem dotados de espírito. A vida é mesmo uma espécie de manifestação da unicidade Divina nos níveis de multiplicidade, e um espelho que reflete a unicidade Divina.

Considere o seguinte: um objeto sem vida, mesmo que seja uma grande montanha, é um órfão, um estranho, sozinho. Suas únicas relações são com o lugar onde está situado, e com as coisas que o encontram. Qualquer outra coisa que existe no cosmos, não existe para a montanha. Uma vez que, a montanha não tem nem vida pela qual pode estar relacionada com a vida, nem consciência com o que pode estar relacionada.

Agora considere um pequeno objeto como uma abelha, por exemplo. A vida instantânea que entra ela estabelece uma conexão com o universo que é como se conclui um acordo comercial com ele, especialmente com as flores e plantas da terra. Ele pode dizer: "A terra é meu jardim; é a minha casa de comércio". Assim, com os sentidos instintivos inconscientes que o impulsionam e estimulam para além dos conhecidos cinco sentidos externos e sentidos internos de seres animados, a abelha tem um sentimento e uma familiaridade e relação de reciprocidade com a maior parte das espécies do mundo, e estão à sua disposição.

Se a vida, em seguida, exibe o seu efeito, assim, no mais ínfimo dos seres animados, certamente, quando ele sobe para o nível mais alto, que é do ser humano, isso será revelado, ampliado e iluminado, a tal ponto que, assim como um ser humano é capaz de se mover por entre os quartos de sua casa com a sua consciência e mente, que são a luz da vida, para que ele possa viajar por mundos espirituais e corporais mais elevados com eles. Isso quer dizer que, assim como o ser consciente e animado pode ir em espírito como um convidado para esses mundos, eles também vêm como convidados para o seu espírito espelhado por ser refletido e representado lá.

A vida é a prova mais brilhante da unicidade do Único Todo-Glorioso, e uma das maiores fontes de Sua graça; é uma manifestação mais sutil de sua compaixão, e um bordado mais escondido, incognoscível, e incomparável de sua arte.

A vida é oculta e sutil, porque a vida das plantas, mesmo, que seja a mais baixa dos níveis de vida, e o despertar da força de vida em sementes, ou seja, a sua agitação, abertura, e crescimento, que são os primeiros passos na vida vegetal, manteve-se insondável pela ciência humana, desde o tempo de Adão, apesar de ser tão evidente e familiar, tão onipresente e comum. A razão do homem não foi capaz de descobrir a sua verdadeira realidade.

Além disso, a vida é tão pura e sem manchas que em ambos os seus aspectos, isto é, tanto na sua face interior como na exterior, é pura, translúcida, transparente, uma vez que a mão do poder toca-a diretamente, sem nenhum véu, em tempo em que tornou as causas aparentes um véu para se ocupar em todas as outras questões, para ser a fonte dos aspectos insignificantes e suas qualidades externas inadequadas contrárias à dignidade do poder.

Em Resumo: Pode-se dizer que, se não houvesse vida, a existência não seria existência; não seria diferente da nãoexistência. A vida é a luz do espírito, e a consciência é a luz da vida.

Uma vez que, a vida e a consciência são importantes a esta grande extensão; e há evidência pessoal, uma ordem absolutamente perfeita no universo, e uma precisão magistral e a mais sábia harmonia; e o nosso humilde e miserável globo, nossa errante terra foi preenchido com incontável número de seres animados, seres inteligentes, e seres com espíritos; pode-se concluir com certeza decisiva que esses palácios celestiais, essas constelações sublimes também animam os habitantes conscientes que lhes são próprios. Como os peixes vivem em água, assim são os habitantes luminosos presentes no fogo do sol. O fogo não consome a luz; de fato, o Fogo auxilia a luz.

Além disso, já que é fácil perceber isso, o poder pré-eterno cria seres animados inumeráveis e seres com espíritos das substâncias mais comuns e a mais densa matéria, e dando-lhes grande importância, transmuta a matéria densa, por meio da vida em uma substância sutil; e uma vez que, espalha a luz da vida em todos os lugares em grande abundância, e doura a maioria das coisas com a luz da consciência; com tal poder e sabedoria impecável, o Onisciente e Todo-Poderoso, certamente não negligenciaria as outras cheias de matéria sutil como a luz e o éter, que estão perto e adequados para o espírito; Ele não iria deixá-los sem vida, sem consciência, inanimados. Na verdade, Ele cria seres animados e conscientes em grande número de luz, que também é matéria, e até mesmo de significados, ar e até mesmo palavras. Assim, como Ele cria numerosas espécies diferentes de animais, de modo que destas torrentes de matéria sutil Ele cria inúmeras criaturas espirituais diferentes. Um tipo deles são os anjos, outros são as variedades de seres espirituais e gênios.

No exemplo seguinte fica claro para você como a ideia da existência de anjos e de espíritos em grande número, como é mostrado pelo Alcorão sagrado, uma verdade, evidência e racional, e como a negação e a inaceitação contrariam a verdade, a sabedoria, na realidade superstição, aberração, delírio e insensatez.

Havia dois homens, um rústico e rude, o outro civilizado e inteligente, que fez amigos e foi para uma cidade esplêndida como Istambul. Em um canto distante daquela cidade civilizada e magnífica se depararam com um pequeno edifício, pouco sujo, uma fábrica. Eles olharam e viram que a fábrica estranha estava cheia de homens, pobres e miseráveis trabalhando. Tudo ao redor do edifício eram seres com espíritos e seres animados, mas seus meios de condições de vida e subsistência eram tais que alguns eram herbívoros, que viviam apenas com plantas, enquanto outros eram piscívoros, comiam nada mais do que peixes.

Os dois homens observavam a cena. Então viram à distância milhares de palácios adornados e castelos grandiosos. Entre os palácios havia oficinas espaçosas e praças amplas. Por causa da distância, ou por causa dos defeitos da visão dos homens, ou porque se tinham escondido, os habitantes dos palácios não eram visíveis para os dois homens. Além disso, as condições miseráveis na fábrica não eram para ser vistas nos palácios. Em consequência disto, o rude-caipira, que nunca antes tinha visto uma cidade, declarou: "Esses palácios não têm habitantes, eles estão vazios, não existem seres com espíritos neles", proferindo a mais absurda ignorância. Para o que o segundo homem respondeu:

"Ó homem miserável! Este pequeno e insignificante edifício que você vê aqui foi preenchido com seres dotados de espíritos, com trabalhadores, e há alguém que continuamente os emprega e os substitui. Olha, não há um espaço vazio ao redor desta fábrica, que foi preenchida com seres animados e com espíritos. Você acha que é de todo possível que não haja habitantes de alto escalão e adequados nessa cidade ordenada, nos palácios adornados com sabedoria e tão cheios de arte que podemos ver à distância? Claro eles estão ocupados, e as diferentes condições de vida lá são apropriadas para aqueles que vivem lá. No lugar de grama, comem doces, e em lugar de peixe, bolos. O fato de não ser visível para você por causa da distância, ou por causa de sua fraca visão, ou por estarem escondidos, pode, em nenhum momento apontar não estarem lá." O fato de que uma coisa não é vista não indica a sua não existência.

Como a comparação acima indica, o fato de que o globo da terra ser a casa desses números infinitos de seres dotados de consciência e espírito, apesar de sua insignificância e densidade entre os corpos celestes elevados e planetas, e até mesmo as suas mais grosseiras e mais podres partículas tornando-se massas de microrganismos quando deixam de ser fontes de vida, necessariamente, comprovadamente, decisivamente indica, testemunha e proclama que o espaço infinito e os céus majestosos com suas constelações e estrelas estão cheias de seres animados, de seres conscientes, e seres com espíritos. A Ilustre Chari'a de Mohammad (Allah o abençoe e lhe dê paz) e o Alcorão de Exposição Milagrosa chamam esses seres, que são criados a partir de fogo, luz, labareda, luminosidade, escuridão, ar, sons, cheiro, palavras, eter e até mesmo de energia elétrica, e de outra matéria que flui sutil, de anjos, gênios e seres espirituais. Há diferentes tipos de anjos, assim como há diferentes tipos de seres corpóreos. De fato, o anjo apontado para um pingo de chuva não será do mesmo tipo que o anjo apontado para o sol. Há também uma grande variedade de tipos diferentes de gênios e seres espirituais.

A Conclusão deste Ponto Fundamental

Como pode ser estabelecida empiricamente, a matéria não é essencial para que a existência possa ser subordinada a ela, e ser dependente dela. Ao contrário, a matéria subsiste por meio de um significado, e o significado é vida, é espírito.

Além disso, como pode ser estabelecido por meio da observação, a matéria não é a coisa servida para que tudo possa ser atribuído a ela. É, antes, o servo, que presta serviço para o processo da perfeição de uma verdade. E que a verdade é vida. E o fundamento daquela verdade é espírito.

E também, como é evidente, a matéria não é dominante, de modo que o recurso pode ser feito a ele ou perfeições procuraram a partir dele. Pelo contrário, ela é dominada; parece com o decreto de algum fundamento, que está em movimento na forma que esse decreto dita. E esse fundamento é a vida, é espírito, é a consciência.

E ainda, como é necessário, a matéria não é a semente, não é o fundamento, não é uma morada constante para que eventos e perfeições possam ser afixados a ela ou construídos sobre ela. Ao contrário, é um escudo preparado para ser dividido, alugado, dissolvido; é uma casca, é espuma, é uma forma.

Considere o seguinte: uma criatura tão pequena que só pode ser vista com um microscópio tem sentidos aguçados, pode ouvir a voz de seu amigo, e ver o seu sustento; ela tem sentidos extremamente sensíveis e afiados. Isto demonstra que os efeitos do aumento da vida e da luz do espírito intensificam em proporção a redução e a refinação da matéria. É como se quanto mais matéria é refinada e mais nos tornamos distantes de nossas existências materiais, mais perto chegamos do mundo do espírito, o mundo da vida e o mundo da consciência; e mais intensamente o calor do espírito e a luz da vida se manifestam.

É, portanto, de todo possível que não deveria haver este número de destilações da vida, da consciência e do espírito dentro deste véu da materialidade, e que o mundo interior que está além do véu não deve estar cheio de seres conscientes e seres com espíritos? É de todo possível que as fontes destes inumeráveis locais de destilação, lampejos e frutos do significado, o espírito, a vida e a verdade aparente nesta existência material no Manifesto Mundial deve ser atribuída apenas à matéria e ao movimento da matéria, e ser explicado por isso? Allah me livre! Absolutamente não! Essas inúmeras destilações e lampejos demonstram que este material e mundo manifesto é apenas um véu de renda espalhados sobre os mundos internos e espirituais.

Segundo Ponto Fundamental

Pode-se dizer que todos os estudiosos das ciências especulativas e de copistas têm-se unido, consciente ou inconscientemente, para realizar um consenso em afirmar, apesar da diferença de expressão, a existência e a realidade dos anjos e seres espirituais. Um grupo de filósofos peripatéticos, mesmo da Escola Iluminista, que fizeram grandes progressos no estudo da matéria, sem negar o significado dos anjos, afirmou que cada reino na criação tem uma essência imaterial espiritual. Eles descreveram os anjos assim. Além disso, um grupo dos primeiros filósofos que era Iluminista, sendo obrigado a aceitar o significado dos anjos, cometeu apenas o erro de nomeá-los: "os Dez intelectos e Mestres dos Reinos da Criação. "Por meio da inspiração e orientação da revelação, estudiosos de todas as religiões reveladas aceitaram que cada reino da criação tem um anjo apontado para ele, e nomeou-os de Anjo da Montanha, Anjo do Mar, e o Anjo da Chuva, por exemplo. Mesmo os materialistas e naturalistas, cujo raciocínio é restrito ao que é imediatamente evidente para eles e quem tem com efeito caído ao nível da humanidade para os de matéria inanimada, em vez de ser capaz de negar o significado dos anjos[NOTA], foram obrigados a aceitá-los em um aspecto, embora o nomeando de Forças Fluentes.

Ó você, homem miserável, que está relutante em aceitar os anjos e seres espirituais, em que você baseia essa opinião? Em que fatos você confia para se opor à consciente ou à unanimidade de todos os estudiosos sobre a existência e a realidade do significado dos anjos e da real existência de seres espirituais? E, como ficou provado no Primeiro Ponto Fundamental, a vida é o revelador dos seres, na verdade, é a sua consequência, a sua essência; e uma vez que, todos os estudiosos estão unânimes na aceitação do significado dos anjos; e este nosso mundo tem sido preenchido, a tal ponto com criaturas animadas e seres com espíritos; é possível que a vastidão do espaço e os céus rarefeitos permaneceriam vazios de habitantes, não terem habitantes? Você nunca deve pensar que as leis em vigor nesta criação são suficientes para que o universo seja vivo, porque as leis

---

NOTA: Eles têm sido incapazes de encontrar uma maneira de negar a realidade e o significado dos anjos e seres espirituais. Na verdade, eles têm sido compelidos a afirmá-los em um aspecto, afirmando que eles sejam uma das leis naturais, embora os descreveu de forma errada, nomeando-os Kuwa-yissariya ou Forças Fluir. (Ei, você que se considerem ser tão inteligente!)

que regem são comandos não substanciais; eles são princípios imaginários, que podem ser considerados como inexistentes. Se não houvesse criaturas absolutamente obedientes chamados anjos para representá-los, torná-los aparentes, e tomarem as rédeas em suas próprias mãos, essas leis não poderiam ser definidas como inexistentes, nem serem representadas como tendo uma identidade particular, nem ser uma realidade externa. Considerando que a vida é uma realidade externa, e um comando imaginário não se pode sustentar uma realidade externa.

Em resumo: Uma vez que, os estudiosos da religião, da filosofia, e das ciências especulativas e de copistas, já em vigor concordaram que os seres não estão restritos a este mundo manifesto; e uma vez que, apesar de ser inanimado e inapropriado para a formação dos espíritos, o mundo manifesto visível tem sido adornado de tal forma com os seres com espíritos, a existência certamente não se limita a ele. Existem inúmeros outros níveis de existência em relação ao qual o Mundo Manifesto é um véu bordado.

Além disso, uma vez que, assim como o mar é adequado para peixes, e o Mundo do Invisível e o Mundo do Significado apropriados para os espíritos, e isso impõe serem preenchidos com eles; e uma vez que, todos os comandos testemunham a existência do significado dos anjos; certamente e sem qualquer sombra de dúvida, a forma mais bonita da realidade da existência dos anjos e dos seres espirituais, e a visão mais racional de sua natureza cujos intelectos firmes vão aceitar e aclamar, é o que o Alcorão expõe e elucida. O Alcorão de exposição miraculosa afirma que: "Os anjos são servos honrados. Nunca contestando um comando, eles fazem o que lhes é ordenado. Os anjos são sutis, seres luminosos, e são divididos em diferentes tipos".

Assim como a humanidade é uma nação e os seres humanos são os portadores, representantes e formas de realização da Chari'a ou código de leis Divinas que procede do atributo da fala Divina, assim são os anjos uma poderosa nação, e aqueles dentre eles que são os trabalhadores são os portadores, representantes, e formas de realização do "código de leis referentes à criação, que procedem do atributo da vontade Divina." Eles são uma classe de servos de Allah que são dependentes dos comandos do poder criativo e vontade pré-eterna, que são o verdadeiro e eficaz agente, e para quem todos os corpos celestes são como lugares de culto, como mesquitas.

Terceiro Ponto Fundamental

A questão dos anjos e seres espirituais é uma daquelas questões em que a realidade universal pode ser inferida a partir da existência de um único particular. Se um único indivíduo é visto, a existência da espécie pode ser concluída. Quem nega isso, nega-o como um membro da espécie a que pertence. Enquanto quem aceita o indivíduo é obrigado a aceitar suas espécies inteiras. Uma vez que é assim, considere o seguinte:

Você não viu e ouviu que todos os estudiosos das religiões reveladas ao longo das idades, desde o tempo de Adão até agora chegaram a um acordo sobre a existência dos anjos e a realidade de seres espirituais? Os diferentes grupos da humanidade têm concordado em ter visto e conversado com anjos e em suas narrações que lhes dizem respeito, como se estivessem discutindo e narrando eventos sobre o outro. Você acha que, se um único anjo não tinha sido visto, e a existência de um ou vários indivíduos foi estabelecida por meio da observação, e sua existência não foi percebida claramente, de forma evidente que teria sido de todo possível para tal acordo e tal consenso continuar persistentemente e por unanimidade de uma forma tão afirmativa e positiva, baseada na observação?

Além disso, é de todo possível que a origem dessa crença geral seja de alguns princípios necessários e matérias evidentes? E é possível que uma ilusão sem fundamento deva persistir e tornar-se permanente em todas as crenças da humanidade ao longo de todas as revoluções que sofreu? E é possível que a base da afirmação desses estudiosos das religiões, deste poderoso consenso, não deva haver certa intuição e certeza empírica?

E é de todo possível que certa intuição e certeza empírica que resultam de inumeráveis sinais, e esses sinais que foram observados em diversas ocasiões, e essas numerosas observações não deveriam todas, sem dúvida ou hesitação, serem fundadas sobre princípios necessários? Nesse caso, a causa e a base da afirmação da crença universal realizada por esses estudiosos são os princípios necessários e categóricas decorrentes do grande número de vezes que os anjos e seres espirituais têm sido observados e vistos, o que demonstra a força do consenso.

E ainda, é possível, racional ou viável que o testemunho unânime dos profetas e santos, que são como os sóis, luas e estrelas na sociedade humana, sobre a existência de anjos e seres espirituais e realmente vê-los, deve ser presa de dúvidas ou objeto de suspeita, especialmente quando são qualificados para falar sobre este assunto? É óbvio que duas pessoas que estão qualificadas para falar sobre um assunto são preferíveis aos milhares de pessoas que não são. E, neste assunto estão afirmando uma questão, e as pessoas que a afirmam são preferíveis aos milhares de pessoas que negam ou rejeitam.

É de todo possível que haja qualquer dúvida sobre as afirmações do Alcorão de exposição miraculosa, o Sol dos Sois no mundo de verdades, que nunca se põe, em nenhum conjunto de tempo, brilhando continuamente nos céus do universo? E pode haver dúvida sobre o testemunho de Mohammad (Allah o abençoe e lhe dê paz), o Sol da profecia?

Uma vez que, se em uma única ocasião, a existência de um único ser espiritual é verificada, isso demonstra a existência real de toda a espécie; e desde que prove a existência de toda a espécie ser verdade, com certeza, a melhor, mais racional e aceitável forma de sua existência real será semelhante ao exposto pela Chari'a, descrito pelo Alcorão, e visto por Aquele que ascendeu ao céus (o Profeta Mohammad [Allah o abençoe e lhe dê paz])."

Quarto Ponto Fundamental

Se as criaturas do universo são observadas com cuidado, pode ser visto que, como particulares, os universais têm identidades coletivas, cada um dos quais aparece como uma função universal; é evidente que cada um executa um dever universal. Por exemplo, assim como uma flor por si exibe um bordado cheio de arte, e com a língua de seu ser recita Nomes do Criador, de modo que o jardim do mundo se assemelha a uma flor, e executa um dever extremamente ordenado, universal de glorificação. E assim como um fruto emite uma proclamação expressando sua glorificação de Allah dentro de uma ordem e regularidade, o mesmo faz a árvore poderosa em sua totalidade têm um dever natural bem ordenado e adoração. E assim como uma árvore glorifica a Allah pelas palavras de suas frutas, flores e folhas, assim como os vastos oceanos dos céus glorificam o Criador Todo-Glorioso e louvam o Sublime Criador por seus sóis, luas e estrelas, que são como palavras; e assim por diante. Embora os seres externos sejam exteriormente inanimados e inconscientes, todos eles executam deveres extremamente vitais, conscientes e de glorificação. De uma certeza, portanto, assim como os anjos são seus representantes expressando sua glorificação no Mundo das Dimensões Internas das Coisas, então eles são as contrapartidas, moradias, e mesquitas desses anjos no mundo externo e manifesto.

Como é explicado no Quarto Ramo da Vigésima Quarta Palavra, a primeira das quatro categorias de trabalhadores empregados pelo Criador Todo-Glorioso do palácio deste mundo é a dos anjos e seres espirituais. Uma vez que, sem o saber, as plantas e os seres inanimados executam deveres sem salário extremamente importantes ao comando de Quem é Onisciente; também sem o saber, os animais servem extensos objetivos universais, em troca de um salário insignificante; e uma vez que, observadamente, em troca de dois salários, um imediato e o outro adiado, seres humano, conhecendo os objetivos do Criador Todo-Glorioso, são empregados por meio de sua conformidade com eles, tendo uma quota de tudo para si, e sua supervisão dos outros servos; certamente será a primeira categoria, bem como a quarta, que constituirá os servos e os trabalhadores. Ambos se assemelham a seres humanos no conhecimento dos objetivos universais do Todo-Glorioso Criador, eles estão em conformidade com eles pela adoração, e são contrários a eles. Por estarem além do prazer sensual e algum salário parcial, eles consideram suficiente o prazer, a perfeição e a felicidade que experimentam pela atenção do Criador Todo-Glorioso, do comando, do favor, da consideração e nome, por meio de sua percepção d'Ele, conexão com Ele, e proximidade com Ele. Eles trabalham com a sinceridade mais pura, suas funções de culto variando de acordo com os seus diferentes tipos, e de acordo com as variedades das criaturas no universo.

Como em um governo há vários funcionários dos vários departamentos, de modo que os deveres de adoração e glorificação variam nas esferas do reino de religiosidade. Por exemplo, pelo poder, da força, do acerto de contas e da ordem de Allah Todo-Poderoso, o Arcanjo Miguel é como um supervisor geral das criaturas de Allah semeadas no campo da face da terra. Se alguém pode dizer isso, ele é o chefe de todos os anjos que se assemelham a agricultores. E, por meio de permissão, comando, poder e sabedoria do Criador Todo-Glorioso, os pastores incorpóreos de todos os animais têm uma cabeça, um anjo supremo designado para a tarefa.

Assim, uma vez que é necessário para que haja um anjo designado sobre cada uma das criaturas externas a fim de representar no Mundo das Dimensões interiores das coisas os deveres de adoração e serviço de glorificação que ele executa, e apresenta-os com conhecimento de causa no Tribunal Divino, a forma como os anjos são descritos nas narrações do Portador da Mensagem Verdadeira (Allah o abençoe e lhe dê paz) é certamente mais adequado e racional. Por exemplo, ele declarou: "Há alguns anjos que têm quarenta ou quarenta mil cabeças. Em todas as cabeças há quarenta mil bocas, e com as quarenta mil línguas em cada uma dessas bocas glorificam a Allah de quarenta mil maneiras." Este Hadice tem uma realidade e ambos contêm um significado, e tem uma forma, ou forma de descrição. O seu significado é o seguinte:

A adoração dos anjos é tanto extremamente ordenada e perfeita, e mais universal e abrangente. Quanto à forma da verdade, é esta:

Há certos seres corpóreos poderosos que executam suas funções de adoração com quarenta mil cabeças de quarenta mil maneiras. Por exemplo, os céus glorificam a Allah com os sóis e as estrelas.

Enquanto a terra, que é um único ser, realiza o seu dever de adoração, sua glorificação dominical com cem mil cabeças e com as centenas de milhares de línguas em cada boca. Assim, o anjo nomeado para o globo da terra tem de ser visto desta forma, a fim de exibir este significado no mundo das dimensões internas das coisas.

Eu mesmo vi uma amendoeira de médio porte que tinha perto de quarenta grandes ramos como cabeças. Quando eu olhei para um ramo, vi que tinha ramificações de quase quarenta menores, como línguas. Então eu olhei para uma língua de um desses pequenos ramos; quarenta flores estavam abertas nele. Estudei as flores considerando a sabedoria neles, e vi em cada uma quarenta requintados e bem ordenados estames, cores e artes, cada uma das quais proclamando um dos nomes do Criador Todo-Glorioso e suas manifestações variam constantemente. É de todo possível que o Onisciente e Belo, que é o Criador Todo-Glorioso da amendoeira, imporia muitas funções a uma árvore inanimada, e não apontasse sobre ela um anjo apropriado para isso, para ser como o seu espírito, para compreender e expressar o seu significado, proclamá-lo ao universo, e apresentá-lo ao Tribunal Divino?

Ó amigo! Até agora, a nossa explicação tem sido uma introdução para fazer o coração aceitar, a razão se submeter, e obrigar a alma a se render. Se você entendeu isso em algum grau, e gostaria de se encontrar com os anjos, prepare-se. Além disso, purificar-se do preconceito culposo. Agora veja, as portas do mundo do Alcorão estão abertas! Olha, o Paraíso do Alcorão é com

﴾ مُفَتَّحَةً الأَبْوَابُ ﴿[63] Entre e veja! Veja os anjos em forma bela

no paraíso do Alcorão! Cada um dos seus versículos revelados é um lugar para pousar, assim olhe para eles:

﴿وَالْمُرْسَلَاتِ عُرْفًا ۞ فَالْعَاصِفَاتِ عَصْفًا ۞ وَالنَّاشِرَاتِ نَشْرًا ۞ فَالْفَارِقَاتِ فَرْقًا ۞ فَالْمُلْقِيَاتِ ذِكْرًا﴾[64] ۞ ﴿وَالنَّازِعَاتِ غَرْقًا ۞ وَالنَّاشِطَاتِ نَشْطًا ۞ وَالسَّابِحَاتِ سَبْحًا ۞ فَالسَّابِقَاتِ سَبْقًا ۞ فَالْمُدَبِّرَاتِ اَمْرًا﴾[65] ۞ ﴿تَنَزَّلُ الْمَلٰئِكَةُ وَالرُّوحُ فِيهَا بِاِذْنِ رَبِّهِمْ﴾[66] ۞ ﴿عَلَيْهَا مَلٰئِكَةٌ غِلَاظٌ شِدَادٌ لَا يَعْصُونَ اللّٰهَ مَا اَمَرَهُمْ وَ يَفْعَلُونَ مَا يُؤْمَرُونَ﴾[67]

Também ouça:

﴿سُبْحَانَهُ بَلْ عِبَادٌ مُكْرَمُونَ ۞ لَا يَسْبِقُونَهُ بِالْقَوْلِ وَهُمْ بِاَمْرِهِ يَعْمَلُونَ﴾[68]

Ouça os seus louvores. E se você quiser se encontrar com os gênios, insira esta retumbante Surata:[69]

﴿ قُلْ اُوحِىَ اِلَىَّ اَنَّهُ اسْتَمَعَ نَفَرٌ مِنَ الْجِنِّ﴾

Veja-os e ouça o que dizem. Dê uma lição neles. Olha, eles estão dizendo:

﴿اِنَّا سَمِعْنَا قُرْآنًا عَجَبًا ۞ يَهْدِى اِلَى الرُّشْدِ فَآمَنَّا بِهِ وَلَنْ نُشْرِكَ بِرَبِّنَا اَحَدًا﴾[70]

SEGUNDO OBJETIVO

[O segundo objetivo é sobre a ressurreição dos mortos, o fim do mundo, e a Outra Vida.]

É constituída por quatro pontos fundamentais, e uma Introdução que é na forma de uma comparação.

INTRODUÇÃO

Se alguém fosse alegar sobre um palácio ou uma cidade: "Esta cidade ou este palácio será destruído, e será então reparado e reconstruído de modo que fique intacto", seis perguntas, certamente surgirão perante a sua alegação.

A Primeira: Por que eles deveriam ser destruídos? Existe uma razão ou algo para a necessidade disso? Se a resposta for "Sim", ele teria que provar isso.

A Segunda: A pergunta, como a seguinte surgiria: "Será que o construtor que iria destruir e depois reconstruí-los possui o poder de fazê-lo? Será que é capaz disso?" Se a resposta for "Sim", ele teria que provar isso.

A Terceira: A seguir tal pergunta surgiria: "É a destruição possível? E, eles serão destruídos no futuro" Se a resposta for "Sim", e se provar tanto a possibilidade de destruição e sua ocorrência, as duas seguintes perguntas surgirão: "É possível que esse estranho palácio ou essa cidade sejam reconstruídos a partir do zero? Se for possível, eles serão reconstruídos?" Se a resposta for: "Sim" e ele provar isso bem, então em nenhum aspecto ou canto desta matéria pode uma lacuna ou brecha permanecer pela qual qualquer dúvida, suspeita ou desconfiança podem entrar.

Assim, como na comparação, há fatos que requeiram a destruição e reconstrução do palácio da terra e da cidade do universo. Seu autor e construtor é poderoso o suficiente; a sua destruição é possível, e ocorrerá. A sua reconstrução é possível, e acontecerá. Estas questões serão comprovadas após o primeiro ponto fundamental.

Primeiro Ponto Fundamental

O espírito é definitivamente imortal. Quase todas as indicações no primeiro objetivo, que apontam para a existência de anjos e seres espirituais também apontam para a imortalidade do espírito, que é o nosso tema aqui. Em minha opinião, o assunto é tão certo que outra explicação seria inútil. De fato, a distância entre nós e as inúmeras caravanas de espíritos imortais que estão à espera para ir para a Outra Vida nos mundos intermediários e do Espírito é tão fina e leve que não há necessidade de demonstrar com provas. Inúmeros santos e inúmeras pessoas de iluminação entram em contato com eles, e aqueles que discernem os segredos do túmulo os veem, e até mesmo um número de pessoas comuns se comunica com eles, a massa de pessoas que forma as relações com eles em sonhos verdadeiros, formam a massa de relatórios unânimes, e simplesmente tornam-se parte do conhecimento comumente aceito da humanidade. No entanto, porque o pensamento materialista tem ficado estupefato nesta idade, foram capazes de implantar dúvidas em suas mentes relativas ainda às questões mais evidentes. A fim de eliminar estas dúvidas, portanto, deverão estabelecer uma introdução e quatro fontes das inúmeras fontes que brotam da intuição do coração e do discernimento do intelecto.

Introdução

Como é provada na Quarta Verdade da Décima Palavra, uma beleza eterna, permanente e inigualável requer a eternidade e a permanência de admiradores extasiados tendo espelhos. Uma arte impecável, eterna e perfeita busca a perpetuação de arautos atenciosos. E uma infinita misericórdia e beneficência exige a continuação da facilidade e felicidade dos mais necessitados de agradecê-las.

E o mais importante desses admiradores extasiados tendo reflexo, aquelas que anunciam os pensadores, aqueles necessitados de agradecimento é o espírito humano, em cujo caso, ele acompanhará a beleza, a perfeição, que a misericórdia na estrada sem fim para a eternidade; ele será imortal.

Como também é comprovado na Décima Palavra, na Sexta Verdade, não só do espírito humano, mas também os níveis mais simples de existência não foram criados para extinção; eles manifestam uma forma de imortalidade. Até mesmo uma flor insignificante, que não tem espírito, quando deixa a existência externa, manifesta uma espécie de imortalidade de mil maneiras. Por sua forma se torna permanente em inúmeras lembranças. E encontra perpetuação em todas as suas centenas de sementes, a lei segundo a qual ela foi formada continua. Desde a lei de formação da flor, o modelo de sua forma, que lembra um pequeno fragmento de espírito, se torna permanente por um preservador Onisciente; e uma vez que é preservada ao longo de transformações turbulentas com perfeita ordem nas suas sementes minúsculas e se faz permanente; se você não entender o grau em que o espírito humano, que é de uma natureza extremamente abrangente e elevada, foi vestido com existência externa, e é um consciente, vivo, e comandando a lei luminosa, certamente manifesta a imortalidade, e é amarrado e ligado à eternidade. Se você não entender isso, como você pode afirmar que é um ser humano consciente? Pode-se perguntar ao Onisciente da Glória, o Preservador Imperecível, Quem inclui e preserva o programa e a lei de formação de uma grande árvore em sua pequena semente como pingo? Essa lei, até certo ponto, assemelha-se a um espírito, "como ele pode preservar os espíritos dos mortos?"

PRIMEIRA FONTE: Isso é subjetivo. Ou seja, se alguém analisa a sua própria vida, percebe um espírito imortal. Com efeito, no decurso de ocupar o seu corpo por certo número de anos, o espírito faz com que o corpo se altere consideravelmente, no entanto, o espírito evidentemente permanece constante. Nesse caso, embora o corpo seja efêmero, ele não afeta a permanência do espírito, nem estraga sua natureza, mesmo que o espírito esteja completamente nu no momento da morte. No entanto, no decorrer da vida, o espírito muda gradualmente suas roupas do corpo e, no momento da morte, ele é subitamente a roupa. Foi estabelecido por certa conjectura, de fato, pela observação, que o corpo subsiste apesar do espírito; nesse caso, o espírito não subsiste por meio do corpo. Ao contrário, uma vez que o espírito subsiste e é dominante de si mesmo, o corpo pode ser disperso e novamente reunido como deseja; ele não vai infringir a independência do espírito.

Na verdade, o corpo é a casa do espírito, é o seu lar; que não é a sua roupa. A roupa cobre o espírito é uma bainha bem sutil, algo que pode ser comparado a um corpo, que é, em certa medida, constante, e é etéreo e apropriado para o espírito. No momento da morte, então, o espírito não está completamente nu, ele deixa sua casa vestido em sua bainha como corpo.

SEGUNDA FONTE: Este é objetivo. Isto quer dizer, que é um tipo de julgamento empírico que foi formado por meio de observações repetidas e numerosas ocorrências de eventos. Na verdade, quando se entende que um único espírito continua após a morte, isso implica na continuação de todos os espíritos como uma categoria do ser. Pois de acordo com a ciência da lógica, é certo que, se uma qualidade intrínseca é observada em um único indivíduo, a existência de qualidade pode ser assumida em todos os indivíduos, porque é intrínseco. Se for intrínseco, estará presente em cada indivíduo. Considerando que as indicações baseadas não em uma, mas em inúmeras observações além de cálculo e de contar, e os sinais que apontam para a imortalidade dos espíritos são tão definitivos, assim como para nós há um lugar chamado Novo Mundo, ou seja, Estados Unidos, e que o ser humano os seres são encontrados lá, podemos, de forma alguma duvidar da existência dessas pessoas. Da mesma forma, é inaceitável duvidar que os espíritos daqueles que morreram agora estão presentes em grande número no Mundo da Dimensão interior das coisas e no Mundo Espiritual, e que têm relações com nós. Nossos presentes imateriais irão até eles, e suas emanações luminosas virão até nós.

Além disso, com certa intuição, pode-se perceber com a consciência de que um aspecto fundamental do homem continua após sua morte. E esse aspecto fundamental é o espírito. Quanto ao espírito, não está sujeito à destruição e dissolução. Isto é, porque é simples e não composto, que tem a unicidade. Tal como a destruição, a dissolução, e a decomposição, eles são a função de substâncias complexas e compostas. Como explicamos acima, a vida garante uma forma de unidade dentro de multiplicidade; ela causa uma espécie de permanência. Ou seja, a unicidade e permanência são fundamentais para o espírito, de onde se espalha para a multiplicidade.

A mortalidade do espírito seria ou por destruição e dissolução, enquanto que a unicidade não oferece nenhuma oportunidade para estes, e sua natureza simples não permite decomposição; ou seria por aniquilação. Mas a compaixão ilimitada do Absolutamente Generoso não permitiria a aniquilação, e Sua generosidade sem limites não permitiria que devesse ser levado de volta a partir do espírito humano, a generosidade de existência que Ele derramou sobre ele, o que ele deseja ardentemente, e da qual é digno.

TERCEIRA FONTE: O espírito é uma lei de ordem, viva, consciente, luminosa, abrangente, verdadeira, preparada para adquirir universalidade, foi vestida pela existência exterior. E mesmo as mais fracas leis manifestam estabilidade e permanência. Porque, se for considerado com cuidado, será visto presente em todas as espécies que estão sujeitas a alterações, é uma verdade constante que, girando dentro das mudanças, transformações e fases da vida, faz com que as formas exteriores das coisas mudem, e vivem e não morrem, sejam permanentes.

Assim, enquanto o ser humano é um indivíduo, devido à abrangência de sua natureza, a consciência universal e a abrangente imaginação, ele é como uma espécie. Uma lei que governa e está em vigor em espécie também está em vigor no indivíduo humano. Uma vez que, o Criador Todo-Glorioso criou o homem como um espelho abrangente, para o culto universal, e com uma natureza exaltada, mesmo que o espírito-verdade que está presente em cada indivíduo provoque forma externa do indivíduo para mudar centenas de milhares de vezes, com a permissão do Senhor, ele não vai morrer, mas continuará partindo como veio. Nesse caso, por ordem de Allah e com a Sua permissão e através da Sua condição permanente, o espírito do indivíduo humano, que é o elemento consciente e parte viva dele, é imortal.

QUARTA FONTE: Considere as leis que regem as espécies, que se assemelham um pouco ao espírito, e uma vez que ambas as questões do Mundo do Comando Divino e da Vontade, no que diz respeito a sua origem, estão a um nível adequado para o espírito, e só falta uma existência perceptível. Estudá-los e ver que, se as leis que comandam estavam vestidas na existência externa, cada uma delas seria o espírito das espécies. E as leis são sempre permanentes; elas são sempre perpétuas e constantes. Nenhuma mudança ou transformação afeta a união das leis, ou as estraga.

Por exemplo, se uma figueira morrer e for dispersa, a lei da sua formação, que é como o seu espírito, continuará em suas minúsculas sementes; ela não vai morrer. E assim, uma vez que mesmo as leis comandantes mais comuns e fracas são, portanto, ligadas à permanência e continuidade, o espírito humano tem de estar ligado não só com a permanência e imortalidade, mas com toda a eternidade. Pois, de acordo com o glorioso decreto do Alcorão:

﴿قُلِ الرُّوحُ مِنْ اَمْرِ رَبِّى﴾[71] O espírito também é uma lei consciente e viva que veio do mundo do Comando Divino, e que o poder Pré-Eterno vestiu com existência externa. Isso quer dizer que, assim como as leis inconscientes que procedem do atributo da vontade Divina e do Mundo do Comando Divino estão sempre, ou na maior parte, resistindo, assim são ainda mais definitivos que o espírito, que é uma espécie de irmão delas, e como elas é uma manifestação do atributo da vontade e vem do Mundo do Comando, manifesta a imortalidade. É também mais digno dela, porque é existente, tem uma realidade externa. E é mais potente, mais elevado, porque possui a consciência. Também é mais duradouro do que elas, e mais valioso, porque está vivendo.

Segundo Ponto Fundamental

Há assuntos que necessitam de felicidade eterna, e o Agente de Todo-Glorioso é capaz de conceder essa felicidade. Além disso, a destruição do universo e morte do mundo são possíveis, e elas vão ocorrer. E a ressurreição do mundo e o Juízo Final são possíveis, e eles vão ocorrer. Vamos explicar todas essas seis questões brevemente e de forma que satisfaça à razão. Na verdade, na Décima Palavra, os argumentos são estabelecidos e elevam o coração ao nível de crença perfeita, enquanto aqui, vamos discuti-los na forma de explicações do Velho Said em seu tratado chamado Nokta (O Ponto), que convencem e silenciam apenas a razão.

Há assuntos que se implicam na felicidade eterna. Um argumento decisivo apontador a essas questões consiste em uma suposição filtrada por Dez Fontes e Pontos Centrais.

PRIMEIRO PONTO CENTRAL: Se observar com cuidado, será visto que uma perfeita e intencional ordem abarca todo o universo. Traços de escolha e lampejos de finalidade são para serem vistos em todos os aspectos dela. O que impressiona os olhos por meio do testemunho de seus frutos é que em cada coisa há uma luz de intenção; em cada função, um lampejo de vontade; em cada movimento, um brilho de escolha; em cada conjunto composto, uma chama de sabedoria. Assim, se não houvesse a felicidade eterna, esta ordem autêntica consistiria apenas em uma forma fraca e inútil. Seria uma falsa ordem, não uma ordem de verdade. Ligações, relações e coisas imateriais, que são o espírito da ordem, seriam perdidos e chegados a nada. Ou seja, o que dá a ordem para encomendar é a felicidade eterna. Nesse caso, a ordem do universo aponta para a felicidade eterna.

SEGUNDO PONTO CENTRAL: A sabedoria total é aparente na criação do universo. De fato, a sabedoria Divina, que é a representação do favor pré-eterno, proclama a felicidade eterna pela língua de observância de benefícios e na sequência de efeitos demonstrados pelo universo em sua totalidade. Porque, se não houvesse a felicidade eterna, seria necessário, por orgulho, negar a sabedoria e os benefícios que são evidentes, constantes no universo. Uma vez que, a Décima Verdade da Décima Palavra demonstra esta verdade como o sol, vamos nos contentar com isso e interromper a discussão aqui.

TERCEIRO PONTO CENTRAL: Pelo testemunho da razão, sabedoria, dedução e experiência, a ausência de futilidade e ausência de resíduos na criação de seres, que são constantes, indicam felicidade eterna. O sinal de não haver desperdício e nada em vão na criação é a escolha do Todo-Glorioso Criador e a preferência do caminho mais curto, o ponto mais próximo, a forma mais leve, e a melhor maneira na criação de tudo, e Sua imposição por vezes uma centena de deveres em uma coisa, e Sua anexação de mil frutos e objetos para um ser frágil. Como não há desperdício e nada em vão, certamente haverá felicidade eterna. Uma vez que, a não existência e sem retorno faria tudo fútil; tudo seria um desperdício. A ausência de resíduos em toda a criação, e no homem, por exemplo, que é estabelecido pela ciência, demonstra faculdade imaterial ilimitada do homem, e as esperanças infinitas, os ideias e os desejos não serão tão desperdiçados. Nesse caso, o desejo profundamente enraizado do homem para ser aperfeiçoado aponta para a existência de uma perfeição, e seu desejo de felicidade proclama que ele é definitivamente destinado para a felicidade eterna. Se não fosse assim, ao contrário de todos os outros seres, que são feitos com sabedoria e com um propósito, essas faculdades imateriais autênticas, aquelas esperanças elevadas, seriam desperdício e futilidade; elas murchariam e seriam inúteis. Já que esta verdade está provada na Décima Primeira Verdade da Décima Palavra, cortamos a curta discussão aqui.

QUARTO PONTO CENTRAL: Em cada uma das muitas coisas diferentes, de noite e de dia, e no inverno e na primavera, nos céus, e até mesmo na personalidade do homem e nos corpos que ele muda ao longo de sua vida, e no sono, que se assemelha à morte, é um tipo diferente de ressurreição que se assemelha à ressurreição dos mortos; tudo isso fala de e alude à realidade do Dia da Ressurreição. Por exemplo, dia, ano, tempo de vida do homem, e da revolução de grande relógio de Allah, conhecida como a terra, lembram os mostradores de um relógio nosso da semana, que contam os segundos, os minutos, as horas e os dias; cada um precursor do seguinte, eles dão notícias um do outro; eles se transformam e funcionam. Como eles mostram a manhã após a noite, e a primavera após o inverno, eles insinuam que depois da morte, a manhã da ressurreição será exibida a partir desse instrumento, aquele grande relógio.

Existem muitas variedades de ressurreição que uma pessoa experimenta durante sua vida. Assim como ele vê os sinais da ressurreição por uma espécie de morte e renascimento, todas as noites, todas as manhãs, por isso, é concordado que ele sofre o que se assemelha a uma ressurreição a cada cinco ou seis anos, mudando todas as partículas de seu corpo, e ainda passa por uma ressurreição gradual duas vezes por ano. Além disso, a cada primavera, ele testemunha mais de trezentos mil tipos de ressurreição e ascensão à vida nos reinos animal e vegetal.

Assim, tantos sinais, indicações e marcas de ressurreição certamente apontam para a grande ressurreição dos mortos como se fossem gotas dele. O Criador Todo-Sábio causando uma espécie de ressurreição nos mundos animal e vegetal, isto é, acordando para a vida da mesma forma todas as raízes das plantas e certos animais na primavera, e restaura outras partes deles, como folhas, flores e frutos, não é exatamente o mesmo, mas semelhante, pode ser uma indicação de uma ressurreição pessoal no indivíduo humano dentro da ressurreição geral. Para o indivíduo humano é como uma espécie de comparação com as outras espécies animadas, e a luz da mente deu tal amplitude às ações humanas e pensa que elas abrangem o passado e o futuro. Se ele consome todo o mundo, não fica satisfeito. Nas outras espécies, a natureza do indivíduo é determinada; seu valor é pessoal; seu ponto de vista, de acesso restrito; suas qualidades, limitadas; seu prazer e dor, instantâneo. Enquanto a natureza humana é exaltada, seu valor, mais alto; sua opinião, universal; suas qualidades, sem limites; seu prazer imaterial e dor em parte permanente. Nesse caso, as diversas ressurreições que se repetem na outra espécie animada evidentemente conta e aponta para os seres humanos serem ressuscitados e restaurados para a vida exatamente na grande ressurreição dos mortos. Uma vez que, está provado com a certeza de dois mais dois serem igual a quatro da Nona Verdade da Décima Palavra, cortamos a curta discussão aqui.

QUINTO PONTO CENTRAL: Aqueles que têm olhado atentamente para as realidades da criação consideram que as potencialidades ilimitadas incluídos na essência do espírito humano, e as capacidades ilimitadas contidas nessas potencialidades, e os desejos infinitos decorrentes dessas habilidades, e as esperanças infinitas resultantes desses desejos infinitos, e os pensamentos ilimitados e ideias nascidos daquelas infinitas esperanças são mãos estendidas para a felicidade eterna, que está além deste manifesto Mundial; são os olhos olhando para ele, que estão voltados para ele. Assim, a natureza do homem, que não pode mentir, e o intenso desejo definido e inabalável para a felicidade eterna em sua natureza inspiram a consciência com certeza sobre a realização da felicidade eterna. Esse fato é demonstrado tão claramente quanto à luz do dia na Décima Primeira Verdade da Décima Palavra, e assim cortamos esta curta discussão aqui.

SEXTO PONTO CENTRAL: A misericórdia do Criador Todo-Belo, que é o Clemente e o Misericordioso, por esses seres, aponta para a felicidade eterna. Sim, é da natureza da misericórdia, que torna a generosidade assim e a salva da vingança, não para reter do homem a felicidade eterna, que liberta os seres da angústia da separação eterna. Porque, se a felicidade eterna, a chefe, a cabeça, o objetivo, e o resultado de todos os prémios, não é dada, e se depois de morrer, o mundo não é ressuscitado na forma de vida após a morte, todos os prémios seriam transformados em desejo de vingança. E em tal transformação, seria necessário negar a existência da misericórdia Divina, que é evidente e necessária, e, pelo testemunho de todo o universo, inquestionável e manifesta. É uma verdade constante mais brilhante que o sol. Olhe e tome nota das dádivas de amor, compaixão e razão, algumas das manifestações e traços sutis da misericórdia. Suponha que a separação eterna e a inesgotável despedida vão arrastar para fora da vida humana; você verá que o terno amor se torna uma grande calamidade; a compaixão doce, uma grande desgraça; essa razão luminosa, uma grande atribulação. Ou seja, a misericórdia (porque é a misericórdia), não pode enfrentar o verdadeiro amor com a separação eterna. Desde a Segunda Verdade da Décima Palavra demonstrou este fato mais lindamente, cortamos esta curta discussão aqui.

SÉTIMO PONTO: Todo o requinte, todas as virtudes, todas as perfeições, todas as atrações, todo o desejo, toda a compaixão conhecida e vista no universo são significados, significações, palavras imateriais. Mostram-se necessária e evidentemente para o coração e empurra no olho da mente as manifestações da graça do Criador Todo-Glorioso, bondade, benevolência e generosidade. Uma vez que, existe uma verdade, uma realidade, neste mundo, certamente há verdadeira misericórdia. E já que há verdadeira misericórdia, haverá felicidade eterna. A Quarta Verdade da Décima Palavra, e também a Segunda Verdade, iluminaram este fato tão claramente quanto à luz do dia.

OITAVO PONTO CENTRAL: A consciência do ser humano, que é a sua natureza consciente, olha e aponta paraa felicidade eterna. Sim, se alguém ouve a sua própria consciência despertada, ele ouvirá uma voz gritando: "Eternidade! Eternidade!" Se todo o universo fosse dado a tal consciência, não poderia satisfazer a sua necessidade pela eternidade. Ou seja, a consciência é criada por causa daquela eternidade. O estar sendo atraída e desenhada desta forma só é possível porque ela é atraída por um verdadeiro objetivo e cativante verdade. A conclusão da Décima Primeira Verdade da Décima Palavra demonstra esse fato.

NONO PONTO CENTRAL: Esta é a mensagem de Mohammad o árabe (Allah o abençoe e lhe dê paz), que era sincero, veraz e confiável. De fato, suas palavras abriram as portas da felicidade eterna; tudo o que ele disse são janelas que se abrem para a felicidade eterna. Na verdade, ele tinha na mão o consenso de todos os profetas (a paz esteja com eles) e com o acordo unânime de todos os santos, uma vez depois da Unidade Divina, todas as suas chamadas e os esforços se concentraram na ressurreição dos mortos e na felicidade eterna. Existe alguma coisa que poderia abalar essa força? A Décima Segunda Verdade da Décima Palavra demonstra essa verdade da maneira mais óbvia.

DÉCIMO PONTO CENTRAL: Estas são as determinadas notícias do Alcorão Sagrado, que tem preservado o seu milagre em sete aspectos por treze séculos, e continua, como provamos quarenta tipos de seus milagres na Vigésima Quinta Palavra.

. Sim, a notícia do próprio Alcorão sobre a revelação da ressurreição do corpo é o revelador do talismã enigmático do mundo e a chave para a sabedoria do universo. Além disso, certas provas racionais contidas no Alcorão de exposição miraculosa, que se coloca diante dos olhos, ordenando que sejam ponderados são milhares em número. Em suma, o Alcorão convoca para se pensar e chamar a atenção a milhares de provas racionais decisivos. Os nobres versículos, por exemplo:

﴿وَ قَدْ خَلَقَكُمْ اَطْوَارًا﴾[72]

﴿قُلْ يُحْيِيهَا الَّذِى اَنْشَاَهَا اَوَّلَ مَرَّةٍ﴾[73] e:

que compreendem uma comparação ou analogia, e:

﴿وَ مَا رَبُّكَ بِظَلَّامٍ لِلْعَبِيدِ﴾[74]

Outro método aponta para a evidência da justiça no universo. Em outros muitos outros versículos foram colocados óculos de "observações, com muitas lentes de ampliação para olhar fixamente por seu intermédio para a felicidade eterna na Ressurreição dos corpos. Explicamos em nosso tratado intitulado Nokta (O Ponto) a substância da analogia figurativa existentes nos dois primeiros versículos acima, com todas os outros versículos, cujo resumo é o seguinte:

Ao passar de etapa em etapa, o corpo humano sofre maravilhosas e ordenadas transformações. De esperma para um coágulo de sangue;

de um coágulo de sangue para osso e carne; de osso e carne para uma nova criação, isto é, ou seja, a transformação em forma humana seguindo regras extremamente precisas. Cada uma destas fases tem leis específicas, determinada ordem, como desenvolvimento regular que ele exibe as manifestações de um propósito, vontade, escolha, e sabedoria revelando o que há por trás de intenções.

Assim, o Criador Todo-sábio, Que cria o corpo, desta forma, muda a cada ano como se se tratasse de roupa. Para o corpo ser mudado e para a sua manutenção, um composto é necessário para que apareçam novas partículas que vão funcionar e encher o lugar das peças que estão dissolvidos. Uma vez que, as células do corpo são destruídas por uma ordem da lei divina, que exige uma matéria sutil, conhecida como sustento, o que irá repará-lo, novamente pela uma lei dominical ordenada. O Verdadeiro Provedor atribui e distribui este sustento por uma lei especial em relação às diferentes necessidades dos membros do corpo.

Agora, considere o comportamento da matéria sutil que o Provedor Onisciente envia: você verá que, enquanto partículas da matéria são dispersas pelo ar, do solo e da água como uma caravana, de repente elas se reúnem de uma forma que sugere uma deliberada ação, como se tivessem subitamente recebido a ordem de se mover. Elas se recolhem juntas da forma mais ordeira como se a cada partícula fosse confiado um dever e ordenado a proceder a um determinado lugar. Além disso, é evidente a partir de sua conduta que estão a ser impulsionadas por uma lei específica de quem age e tem escolha, e do reino do inanimado estão entrando no reino dos vivos. Em seguida, eles entram em um corpo como sustento por meio de uma regra particular, e com um fim determinado e em um processo regular, e depois de serem cozidas em quatro cozinhas do corpo, passando por quatro transformações surpreendentes, e que estão sendo forçadas por meio de quatro filtros, elas são rateadas pelas leis regulares e de beneficência do Provedor Verdadeiro de acordo com as diferentes necessidades de todos os membros, e são distribuídas a cada parte do corpo.

Assim, qualquer que seja dessas partículas que você considera com o olho da sabedoria, você verá o acaso cego, a coincidência sem lei, a natureza surda, e as causas inconscientes não podem interferir de modo algum com ela; ela é impelida de forma exigente, ordenada, auditiva e conhecida. Por qualquer estágio, cada uma delas entra dos elementos periféricos às células do corpo, age voluntariamente pelas leis específicas daquele estágio. Entra nele deforma ordenada. Por qualquer nível viaja, ela caminha com tal ordem que parece evidente a proceder ao comando de um Movedor Onisciente. Desta forma, avança gradualmente de etapa em etapa, de um nível a outro, até que, sob o comando de seu Senhor, sem se desviar do seu objetivo e objeto, atinge a sua posição apropriada, por exemplo, o olho do Tawfik[75], onde se estabelece e trabalha.

Esta situação, ou seja, a manifestação de dominicalidade no sustento, demonstra que primeiro as partículas foram determinadas; elas foram designadas para a tarefa, foram designadas para essas posições. É como se a existência de uma disposição e ordem, como: "Este será o sustento de células de fulano de tal" que está sendo escrito na testa de cada um deles, aponta para o sustento de cada pessoa que está sendo escrito na sua testa pela caneta da Predestinação, e seu nome sendo escrito em seu sustento. É de todo possível que o Criador Todo-Glorioso, Que nutre e sustenta com poder ilimitado e sabedoria abrangente, Que tem disposição absoluta sobre todos os seres desde partículas diminutas até os planetas, e gira-os com ordem e equilíbrio, não deve realizar "a última criação", ou que ele deveria ser incapaz de fazê-lo?

Assim, muitos versículos do Alcorão apresentam para a visão humana esta última criação sábia, que terá lugar na ressurreição dos mortos e do Grande Encontro. Ele remove a dúvida e a incerteza. Ele diz:

﴿قُلْ يُحْيِيهَا الَّذِى اَنْشَاَهَا اَوَّلَ مَرَّةٍ﴾[76]

Ou seja, aquele que o criou do nada de uma forma tão sábia é Aquele que vai trazê-lo de volta à vida na Outra Vida. E ele diz:

﴿وَهُوَ الَّذِى يَبْدَؤُا الْخَلْقَ ثُمَّ يُعِيدُهُ وَهُوَ اَهْوَنُ عَلَيْهِ﴾[77]

Isto é: "Seu retorno e retorno para a vida na ressurreição é mais livre de problemas mais fácil e que a sua criação neste mundo."

Assim é mais fácil e sem problemas para soldados de um regimento que se dispersaram descansarem e se reunirem sob a bandeira regimental ao som de uma corneta de que a formação de um novo regimento a partir do zero. Assim, de acordo com a razão, é mais fácil e mais possível do que a primeira criação para as partículas fundamentais de um corpo, que são entremeadas e familiares e conectadas uma com a outra, voltar a se reunir no soar do trompete do anjo Israfil (a paz esteja com ele), e responder ao comando do Todo-Glorioso Criador com: "Aqui estamos, Senhor!" De qualquer forma, talvez isso não seja necessário para todas as partículas se reunirem. As peças fundamentais e partículas essenciais, que são como núcleos e sementes, e são chamados de[78] عَجْبُ الذَنَبْ em um Hadice,[79] podem ser suficientes como base da segunda criação. O Onisciente Criador pode construir o corpo humano a partir deles.

A seguir, um resumo da comparação judicial indicada por versículos como o terceiro acima:

﴿وَ مَا رَبُّكَ بِظَلاَّمٍ لِلْعَبِيدِ﴾[80]

Muitas vezes vemos neste mundo que os homens tirânicos, pecaminosos e cruéis passam suas vidas em grande facilidade e conforto, enquanto os oprimidos, justos e religiosos passam grandes dificuldades e em degradação. Então a morte vem e torna os dois iguais. Se esta igualdade não tinha fim, uma injustiça seria aparente. No entanto, uma vez que a sabedoria e a justiça Divina estão livres de toda a iniquidade como é estabelecido pelo testemunho do universo, eles evidentemente exigem uma montagem final em que o primeiro será punido e este último receberá a sua recompensa. Então desordenadamente, homens miseráveis podem receber punição e recompensa, em conformidade com as suas potencialidades, ser o meio de absoluta justiça, sabedoria dominical manifesta, e ser o irmão mais velho de todos os seres do mundo.

Com certeza, o reino deste mundo não permite o florescimento ilimitado do homem das potencialidades contidas dentro de seu espírito. Isso significa que ele será enviado para outro mundo. A essência do homem é realmente poderosa, então ela é designada para a eternidade. Sua natureza é exaltada, de modo que seus crimes são grandes. Ele não se parece com os outros seres. Sua ordem é importante, também. Ele não pode viver sem fim. Ele não pode viver sem significado. Ele não pode ser feito em vão. Ele não pode ser condenado à extinção absoluta. Ele não pode escapar da pura inexistência. O Inferno abriu a sua boca, e espera por ele. E o Paraíso abriu seu abraço gracioso, e olha para ele. Uma vez que, a Terceira Verdade da Décima Palavra tem demonstrado estes dois exemplos de forma mais bela, vamos cortar a curta discussão aqui.

A título de exemplo, você pode fazer analogias e estudar outros versículos do Alcorão semelhantes aos dois acima, que contêm muitas provas sutis e racionais.

Dessa forma, essas Dez Fontes e Pontos Centrais formam uma prova decisiva e determinada suposição, e assim como a firme hipótese e prova poderosa são provas decisivas para a causa e a necessidade da ressurreição e do Dia do Julgamento, e , conforme está claramente provado na Décima Palavra fazem a maioria dos Nomes mais Bonitos, como Onisciente, Compassivo, Preservador e Justo, requerem a vinda do Dia do Juízo Final e da ressurreição, e da existência de bem-aventurança eterna; eles apontam claramente para a realização de felicidade eterna. Ou seja, os assuntos que requeiram a ressurreição dos mortos e o Dia do Juízo são tão poderosos que não deixam espaço qualquer dúvida ou incerteza.

Terceiro Ponto Fundamental

O Agente possui o poder. Sem dúvida, os assuntos que requeiram a ressurreição dos mortos existem. Além disso, o Único

Que vai realizá-lo é poderoso ao grau máximo. Não há deficiência no Seu poder. As maiores coisas e as menores são as mesmas em relação ao seu poder. É tão fácil para Ele criar a Primavera como criar uma flor. Sim, este universo juntamente com todos os seus sóis, estrelas, mundos, partículas e substâncias testemunham a sublimidade e o poder do Todo-Poderoso em línguas sem fim. Será que qualquer dúvida ou receio tem o direito de considerar a ressurreição corporal remota de tal poder?

É fácil de ver que cada idade dentro deste mundo o Poderoso de Glória cria um novo, viajante e ordenado universo. Na verdade, Ele faz, um mundo bem ordenado novo a cada dia. Ele perpetuamente cria e muda com sabedoria perfeita mundos transitórios e universos um após o outro na face dos céus e da terra. Ele pendura na corda do tempo mundos regulares ao número de séculos, anos, de fato, dias, e através deles demonstra a enormidade de Seu poder. Ele atribui à cabeça do globo enorme flor da primavera que adorna com cem mil bordados de ressurreição como se fosse uma única flor, e por isso mostra a perfeição da Sua sabedoria e da beleza de sua arte. Pode-se dizer de Alguém como Esse: "Como pode Ele realizar a ressurreição dos mortos, e como Ele pode transformar este mundo no futuro?" O versículo:

﴿مَا خَلْقُكُمْ وَلَا بَعْثُكُمْ اِلَّا كَنَفْسٍ وَاحِدَةٍ﴾[81] proclama o perfeito poder do Todo-Poderoso, que nada é difícil para Ele, que, assim como a menor coisa, as maiores não apresentam dificuldades para o Seu poder, e que é tão fácil para o Seu poder de criar inúmeros indivíduos como criar um único. Explicamos o significado essencial do versículo brevemente na conclusão da Décima Palavra, e em detalhe no tratado intitulado Nokta (Ponto) e na Vigésima Carta. Em ligação com a discussão aqui, vamos elucidar uma parte dela sob a forma de três "Matérias", como se segue:

O Poder Divino é essencial, caso em que, a impotência não pode intervir nele. Além disso, é ligado às dimensões internas de coisas, de modo que tais obstáculos não podem ser interpenetrados com ele.

Também, sua relação é de acordo com as leis, por isso elementos particulares são iguais aos universais, pequenas coisas são como as abrangentes. Vamos provar esses três assuntos.

PRIMEIRO ASSUNTO: O Poder Pré-Eterno é necessário, essencial, inerente à mais Pura e Sagrada Essência Divina, significa que é da necessidade intrínseca pela Essência, sem possibilidade de desmembramento. Portanto, a impotência, que é o oposto do poder, não pode ser claramente apresentada à essência necessária daquele poder. Porque, se fosse esse o caso, implicaria a combinação de opostos. Uma vez que, a essência não pode ser afetada por impotência, evidentemente, não pode intervir no poder, que é a qualidade inerente daquela Essência. Se a impotência não pode intervir naquele poder essencial, claramente não pode haver graus nela. Já que os graus de existência de uma coisa são, contudo, a intervenção de seus opostos.

Por exemplo, os graus de calor são pela intervenção do frio, e os graus de beleza pela intervenção de feiura; outros exemplos podem ser feitos da mesma forma. Desde contingentes de seres essas qualidades não são verdadeiras, naturais e inerentes, qualidades necessárias, seus opostos podem entrar neles. Com a existência de graus, a diversidade, a variação e a mudança surgiram no mundo. Uma vez que, não pode haver graus no poder Pré-Eterno, necessariamente, aquelas coisas decretadas por ele serão as mesmas em relação a ele. A maior será igual à menor, e as partículas as mesmas que as estrelas. A ressurreição de toda a humanidade será tão fácil para o poder como a sensibilização para a vida de um único indivíduo; a criação da primavera tão fácil como dar forma a uma única flor. Considerando que se atribuiu ao acaso, a criação de uma única flor seria tão difícil quanto àa da primavera.

Provou-se na nota de rodapé para a última seção do Quarto Grau de "Allah é o Maior" na Segunda Estação desta Palavra, e na Vigésima Segunda Palavra, e na Vigésima Carta e em seu Termo Aditivo, que, quando a criação dos seres é atribuída Ao Único Um de Unidade, todas as coisas tornam-se tão fáceis como uma coisa. Se forem atribuídos ao acaso, a criação de uma única coisa se torna tão difícil e problemática como a de todas as coisas.

SEGUNDO ASSUNTO: O Poder Divino está relacionado com a face interior das coisas. Sim, o universo tem duas faces, como um espelho. Uma delas é sua face externa, que lembra a face colorida do espelho, a outra é a sua face que olha para o seu Criador. Isto se assemelha à face brilhante do espelho. Sua face externa é a arena dos opostos. É onde assuntos como bonito e feio, o bem e o mal, grandes e pequenos, difícil e fácil aparecem. É por isso que o Todo-Glorioso Criador fez aparentes causas um véu para a alienação do Seu poder, de modo que a mão do poder não deve aparecer para a mente estar diretamente relacionada com as questões que, em face do que são insignificantes ou indignos. Uma vez que, a majestade e a dignidade exigem que seja assim. Mas Ele não deu um verdadeiro efeito às causas e intermediários, pois a unidade de unicidade exige que eles não tenham nenhum.

Quanto à face interior dos seres que procura o seu Criador, em tudo está brilhando, é limpa. As cores e as distorções da individualidade não intervêm nele. Este aspecto olha o seu Criador, sem intermediário. Não há correntes e disposições de causas nela. Causa e efeito não podem se intrometer nisso. Ele não contém nada contorcido ou torto. Os obstáculos não podem interferir nele. Uma partícula se torna irmã do sol.

Em resumo: O poder Divino é simples, infinito e essencial. O lugar ligado ao poder Divino não tem nem intermediário, nem mancha, nem é a cena de rebelião. Portanto, dentro da esfera do poder Divino o grande não tem orgulho do lugar sobre o pequeno. A comunidade não tem preferência sobre o indivíduo. Os universais não podem esperar mais do poder Divino de que os particulares.

TERCEIRO ASSUNTO: A relação do poder Divino está de acordo com as leis. Ou seja, considera muitos e poucos, grandes e pequenos como os mesmos. Vamos tornar este assunto abstruso mais fácil de entender com um número de comparações.

No universo, Transparência, Reciprocidade, Equilíbrio, Ordem, Desprendimento e Obediência são todas as questões que tornam muitos iguais a poucos, e grandes iguais a pequenos.

Primeira Comparação: Isso explica o Mistério da Transparência.

Por exemplo, a imagem e a reflexão do sol, que são o seu esplendor e manifestação, apresentam a mesma identidade na superfície do mar e em cada gota do mar. Se o globo terrestre fosse composto de diferentes fragmentos de vidro e exposto ao sol sem véu, o reflexo do sol seria o mesmo em cada fragmento e sobre toda a face da terra, sem obstrução ou divisão em pedaços ou diminuída. Se, supormos que o sol mostrou toda a sua vontade e por meio de sua vontade conferiu o brilho de sua luz e imagem da sua reflexão, não seria mais difícil para ele conferir seu brilho sobre toda a superfície da terra do que conferi-lo em uma única partícula.

Segunda Comparação: Trata-se do Mistério da Reciprocidade.

Por exemplo, vamos supor que há um vasto anel composto por seres vivos, isto é, seres humanos, cada um segurando um espelho. No seu centro está um indivíduo segurando uma vela. O brilho e a manifestação refletidos em todos os espelhos que rodeiam o ponto central serão os mesmos, e a sua relação será, sem obstáculo, fragmentação ou diminuição.

Terceira Comparação: Trata-se do Mistério do Equilíbrio.

Por exemplo, há um enorme conjunto de balanças que são extremamente precisas e sensíveis. Qualquer que seja o de dois sóis ou de duas estrelas ou de duas montanhas ou de dois ovos ou de duas partículas são colocados em seus dois pratos, vai exigir a mesma força para levantar um prato daquelas enormes balanças sensíveis para o céu e abaixar o outro para o chão.

Quarta Comparação: Trata-se do Mistério da Ordem.

Por exemplo, um enorme navio pode ser transformado tão facilmente em um pequeno barco de brinquedo.

Quinta Comparação: Trata-se do Mistério de Desprendimento.

Por exemplo, uma natureza desvinculada da individualidade respeita todos os dados do menor para o maior como o mesmo e os adentra sem ser diminuída ou fragmentada. As qualidades presentes no aspecto da individualidade externa não interferem e causam confusão; eles não alteram a visão de uma natureza desprendida como essa. Por exemplo, um peixe como uma agulha possui uma natureza tão desprendida como o de uma baleia. Ou um micróbio carrega a mesma natureza animal como um rinoceronte.

Sexta Comparação: Isso demonstra o Mistério de Obediência.

Por exemplo, um comandante com uma única ordem faz avançar tanto um soldado como um exército. A verdade do mistério desta comparação sobre a obediência é a seguinte:

Como é provado pela experiência, tudo no universo tem um ponto de perfeição, e tudo tem uma inclinação para esse ponto. O aumento da inclinação torna-se necessária.

O aumento da necessidade torna-se desejo. O aumento do desejo se torna atração, e atração, desejo, necessidade, e inclinação são cada semente e grão que, juntamente com as essências de coisas em conformidade com os comandos criativos de Allah Todo-Poderoso. A perfeição absoluta da verdadeira natureza dos seres contingentes é a existência absoluta. Suas perfeições particulares são uma existência peculiar a cada um que faz com que as habilidades de cada ser emergir do potencial para o real. Assim, a obediência de todo o universo ao comando Divino "Seja!", é a mesma que a de uma partícula, que é como um soldado único. Contidos todos juntos na obediência e conformidade dos seres contingentes ao comando de pré-eterno "Seja!", procedente da vontade Pré-Eterna é inclinação, necessidade, desejo e atração, que também são manifestações da vontade Divina. O fato de que quando a água sutil recebe o comando para congelar, com uma inclinação refinada pode dividir um pedaço de ferro demonstra a força do mistério da obediência.

Se essas seis comparações forem observadas nas potencialidades e ações de contingentes de seres, que são tanto defeituosos, finitos, e fracos, e não têm nenhum efeito real, sem dúvida, será visto que tudo é igual em relação ao poder Pré-Eterno, que é tanto pré-eterno, e pós-eterno, e cria todo o universo de inexistência pura, e sendo manifestado por meio das obras de sua enormidade deixa todas as mentes em admiração. Nada pode ser difícil para Ele. Tal poder não pode ser pesado nas pequenas balanças destes mistérios, nem são proporcionais. Eles foram mencionados para trazer o assunto para mais perto do entendimento e para dissipar quaisquer dúvidas.

Resultado e Resumo do Terceiro Ponto Fundamental

Uma vez que, o Poder Pré-eterno é infinito, e é inerente e qualidade necessária da Essência Mais Pura e Sagrada; e o aspecto interior imaculado e desvelado de tudo está virado a ele e o enfrenta, e está em equilíbrio em relação à contingência, que consiste na possibilidade igual de ser e não ser; e uma vez que esta face interna é obediente à ordem da criação e as leis Divinas do universo que formam a Grande Chari'a, a Chari'a da Criação, e está desengatada e livre de obstáculos e características diferentes; certamente, como a menor coisa, a maior pode não resistir a esse poder, nem esperar mais dele do que a menor. Nesse caso, a ressurreição de todos os seres com espíritos não é mais difícil para o poder Divino do que vivificar uma mosca na primavera. Assim, o decreto de:

﴿مَا خَلْقُكُمْ وَلاَ بَعْثُكُمْ اِلاَّ كَنَفْسٍ وَاحِدَةٍ﴾[82] não é exagero; é verdadeiro e correto. E a nossa afirmação de que "o agente possui o poder" tem provado ser verdade em forma decisiva; não há nada para escondê-la a este respeito.

Quarto Ponto Fundamental

Assim como há coisas que necessitam da ressurreição dos mortos e do Grande Encontro, e quem vai realizá-la possui o poder de fazê-lo, uma vez que o mundo possui o potencial para a ressurreição dos mortos e o Grande Encontro. Há quatro "Assuntos" nesta nossa afirmação que "este lugar é possível."

O primeiro é a possibilidade de morte deste mundo.

O segundo é a sua morte certa.

O terceiro é a possibilidade do mundo destruído, morto sendo reconstruído e ressuscitado na forma de vida após a morte.

O quarto é a sua reconstrução real e ressurreição, que são possíveis.

PRIMEIRO ASSUNTO: A morte do universo é possível. Uma vez que, se algo está incluído na lei do processo de perfeição, há limite para o crescimento e desenvolvimento dele. E se há crescimento e desenvolvimento, essa coisa está limitada de ter um tempo de vida natural. E se ele tem um tempo de vida natural, há limite de ser um tempo para a sua morte natural. É estabelecido pelo raciocínio indutivo e extensa investigação que não se pode salvar das garras da morte. De fato, assim como o homem é o microcosmo, e ele não pode ser salvo da destruição, o universo também é o macroantropo; ele também não pode ser salvo das garras da morte. Ele também vai morrer e será então ressuscitado, ou ele vai estar dormindo e, em seguida, abrir os olhos na manhã da ressurreição.

Além disso, assim como uma árvore viva, que é uma cópia em miniatura do universo, não pode salvar sua vida da destruição e dissolução, de modo a corrente do universo, que se ramificou da árvore da criação, não pode salvar-se da destruição e dispersão a fim de ser reparado e renovado. Se, com a permissão da vontade pré-eterna, alguma doença externa ou evento destrutivo não acontecer com o mundo antes do momento de sua morte natural, e seu Onisciente Criador também não demoli-lo antes que o tempo, com certeza, de acordo com o acerto de contas científica, um dia virá em que os significados e mistérios do versículo:

﴿إِذَا الشَّمْسُ كُوِّرَتْ ۞ وَإِذَا النُّجُومُ انْكَدَرَتْ ۞ وَإِذَا الْجِبَالُ
سُيِّرَتْ ۞ إِذَا السَّمَاءُ انْفَطَرَتْ ۞ وَإِذَا الْكَوَاكِبُ انْتَثَرَتْ ۞
وَإِذَا الْبِحَارُ فُجِّرَتْ﴾[83]

se manifestará com a permissão do Pré-Eterno Todo-Poderoso, e as agonias da morte dos macroantropo que é o mundo começará; ele vai preencher o espaço e tornar a reverberar com um estertor terrível e som devastador; rugindo, ele vai morrer. Em seguida, na ordem divina, ele vai voltar à vida mais uma vez.

A Sutil, Alusiva Matéria

Assim como a água congela em seu próprio detrimento, e o gelo derrete em seu próprio detrimento, e uma semente ganha força em detrimento da casca, e uma palavra torna-se grosseira em detrimento do significado, e o espírito enfraquece por conta do corpo, e o corpo torna-se mais fino por conta do espírito, assim também este mundo, o mundo denso, torna-se transparente e refinado com o funcionamento da máquina da vida por conta do futuro, que é o mundo sutil. O poder criativo polvilha a luz da vida em densos, sem vida, extinguidos objetos mortos com uma atividade surpreendente é um sinal de que ele se dissolve, queima e ilumina este mundo denso, com a luz da vida por conta do mundo sutil.

Não importa quão fraca é a realidade, ela não morre; não é aniquilada como uma forma. Em vez disso, ela viaja em indivíduos e formas. A realidade cresce, se desenvolve e expande-se gradualmente, enquanto a casca e a forma desgastam, tornam-se mais finas, e quebram. Elas são renovadas em melhor forma, de modo a tornarem-se adequadas para a estatura da realidade estável e expandida. Em relação ao aumento e diminuição, a realidade e a forma estão em proporção inversa. Ou seja, a forma mais substancial cresce, a realidade torna-se mais fraca. Quanto menos substancial a forma se torna, à aquele grau a realidade se torna mais forte.

Assim, esta lei abrange todas as coisas incluídas na lei do processo de perfeição. Isto significa que é certo, um tempo virá quando o Mundo Manifesto, que é a casca e forma da poderosa realidade do universo, quebrar-se-á, com a permissão do Criador Todo-Glorioso. Em seguida, ele será renovado em uma forma melhor. O significado será alcançado do versículo:

﴿يَوْمَ تُبَدَّلُ الْاَرْضُ غَيْرَ الْاَرْضِ﴾[84]

Em Resumo: A morte do mundo é possível. Além disso, não pode haver dúvida de que isso é possível.

SEGUNDO ASSUNTO: Esta é a morte real do mundo. A prova desta matéria é o consenso de todas as religiões reveladas; o testemunho de todas as naturezas saudáveis; a indicação de todas as mudanças, transformações e alterações no universo; o testemunho do número de séculos e anos por meio de suas mortes nesta pousada do mundo. Tudo isso são indicações e provas da morte do próprio mundo.

Se você quiser imaginar as agonias da morte do mundo, como o Alcorão as aponta, pense em como as partes do universo estão ligadas uma à outra com uma exata e exaltada ordem. Elas são mantidas com uma delicada, ligação tão oculta e sutil e estão tão ligadas dentro de uma ordem que, em um único comando que os corpos celestes elevados recebem: "Seja", ou "Deixe sua órbita", o mundo vai entrar em sua agonia de morte. As estrelas colidem, os corpos celestes giram, um grande estrondo ocorrerá no espaço infinito como o som devastador de milhões de bolas de canhão e grandes armas do tamanho do globo. Conflitantes e colidindo uma com a outra, enviando uma chuva de faíscas, as montanhas que tomam o voo, os mares em chamas, a face da terra será achatada.

Assim, por esta morte e essas agonias o Pré-Eterno do Poder sacudirá o universo. Ele vai purificar o universo e o Inferno e os assuntos do Inferno serão chamadas para um lado, e do Paraíso e as questões pertinentes ao Paraíso chamadas para o outro, e o mundo da Outra Vida se manifestará.

TERCEIRO ASSUNTO: O retorno à vida do mundo, que morrerá, é possível. Pois, como está provado no Segundo Ponto Fundamental, não há deficiência no Poder Divino, e as coisas que o necessitam são extremamente poderosas. A matéria está dentro do reino do possível. E, se uma possível matéria tem algo extremamente poderoso necessitando-o, e não há deficiência no poder do agente, pode ser considerado não como possível, mas como real.

Um ponto Alusivo

Se o universo é estudado com cuidado, veremos que dentro dele há dois elementos que se espalharam por toda parte e se enraizaram; com seus traços e frutos como bem e mal, beleza e feiura, benefícios e danos, perfeição e defeito, luz e escuridão, orientação e desorientação, luz e fogo, crença e descrença, obediência e rebelião, medo e amor, pois os opostos se chocam um com o outro no universo. Eles estão constantemente manifestados pela mudança e transformação. Suas rodas giram como a oficina das culturas de algum outro mundo.

Com certeza, os ramos e os resultados, que são opostos, desses dois elementos continuarão na eternidade; eles se concentrarão e se separarão um do outro. Então eles vão se manifestar na forma de Paraíso e Inferno. Uma vez que, é fora deste mundo transitório que o mundo permanente será feito, seus elementos fundamentais, certamente, irão para a eternidade e permanência.

Na verdade, o Paraíso e o Inferno são os dois frutos do ramo da árvore da criação, que se estende, inclina, e vai para a eternidade; eles são os dois resultados da cadeia do universo; os dois armazéns desta inundação de atividade Divina; os dois grupos de seres, que fluem em ondas para a eternidade; e o local da manifestação do favor Divino, o outro da ira Divina. Quando a mão do poder sacudir o universo com um movimento violento, essas duas cisternas se encherão com as questões pertinentes.

O segredo deste ponto Alusivo é o seguinte:

Como a benevolência eterna e a sabedoria pré-eterna necessárias, o Pré-Eternamente e Onisciente criou este mundo para ser um lugar de julgamento, uma arena de exame, um espelho para Seus Nomes mais Belos, e uma página para a caneta da Predestinação e poder. Agora, experimentação e análise são a causa do crescimento e desenvolvimento. E o crescimento faz com que a disposição se desenrole. E isso faz com que os desdobramentos das habilidades se tornem aparentes. E essa emergência das habilidades faz com que as verdades relativas se tornem evidentes. E as verdades relativas tornando-se evidentes causam os bordados das manifestações dos Nomes Mais Belos para serem exibidos e o universo ser transformado em uma missiva do Eternamente Procurado. É por este mistério de exame e o mistério da responsabilidade do homem que as essências de diamante de elevados espíritos são purificados da matéria de carvão de espíritos vis, e os dois separados um do outro.

Assim, uma vez que, por mistérios como estes, e por outros mais sutis e elevados exemplos de sabedoria, que nós ainda não sabemos o que, o pré-Eternamente Sábio quis o mundo desta forma, Ele também quis a mudança e a transformação deste mundo para esses exemplos de sabedoria. Ele misturou os opostos para sua mudança e transformação, e os colocou frente um do outro. Combinando dano com benefício, incluindo o mal com o bem, e misturando feiura com a beleza, amassou-os juntos como massa, e fez o universo sujeito à lei da mudança e mutação, e o princípio da transformação e perfeição.

Um dia virá em que este conjunto de exame será fechado, o período de prova será concluído, os Nomes Divinos realizarão seu decreto, a pena da Predestinação completará a escrita de suas missivas, o poder Divino concluirá os bordados de sua arte, os seres terão cumprido as suas obrigações, as criaturas realizarão seus atos de serviço, e tudo terá afirmado o seu significado, este mundo produzirá as mudas de vida da Outra Vida, a terra exibirá todos os milagres do poder do poder do Todo-Poderoso Criador, e todas as maravilhas de

Sua arte, e este mundo transitório anexará na sequência do tempo, a formação de quadros dos panoramas da eternidade.

Uma vez que, a eterna sabedoria e beneficência pré-eterna do Criador Todo-Glorioso exige verdades como os resultados do exame e prova, as verdades de manifestações desses Nomes Divinos, as verdades das missivas da caneta da Predestinação, os originais dessas amostras de bordados do tipo de arte, os objetivos e benefícios dos deveres dos seres, os salários dos atos de serviço de criaturas, as verdades declaradas dos significados do livro do universo, o surgimento das sementes da disposição inata, a abertura de um Supremo Tribunal de Julgamento, a exibição das amostras semelhante a panoramas tomadas deste mundo, o rasgar do véu das causas aparentes, e a rendição de tudo diretamente perante o Criador Todo-Glorioso. Uma vez que, a pré-sabedoria e beneficência eterna do Criador Todo-Glorioso exigem estas verdades, eles exigem a purificação dos opostos, a fim de livrar o mundo de mudança e transição, transformação e extinção, e separar as causas da mudança e a matéria de divergência. Certamente Ele vai trazer a ressurreição e purificar aqueles opostos, a fim de obter esses resultados.

Assim, como resultado desta purificação, o Inferno vai assumir sua forma eterna e terrível, e seus detentos manifestarão a ameaça:

﴿وَامْتَازُوا الْيَوْمَ اَيُّهَا الْمُجْرِمُونَ﴾[85]

Enquanto o Paraíso assumirá sua forma eterna e majestosa, e seu povo e companheiros manifestarão a declaração:

﴿سَلاَمٌ عَلَيْكُمْ طِبْتُمْ فَادْخُلُوهَا خَالِدِينَ﴾[86]

Como é provado na Segunda Questão da Primeira Estação da Vigésima Oitava Palavra, por Seu poder perfeito, o Pré-Eternamente Onisciente dará aos habitantes destas duas casas eternas e corpos permanentes que não serão objeto de dissolução, mudança, velhice, ou declínio. Uma vez que, não haverá causas de mudanças, que são a causa do declínio.

QUARTO ASSUNTO: Isso é possível, irá ocorrer. De fato, depois de morrer, o mundo será ressuscitado como a Outra Vida. Depois de ser destruído, Aquele que fez o mundo vai repará-lo e reconstruí-lo de forma ainda melhor, e irá convertê-lo em uma das mansões do Outra Vida. Assim como a prova é, acima de tudo, o acordo do Alcorão, junto com todos os seus versículos, que compreende milhares de provas racionais e todas as escrituras reveladas, assim como os atributos do Todo-Glorioso pertencente ao Seu poder e aqueles pertencentes a Sua Beleza, e todos Seus Belos Nomes indicam claramente a sua ocorrência. Assim também, Ele prometeu que criaria a ressurreição e a Grande Reunião por meio de todos os Seus decretos celestes que enviou a Seus profetas. E desde que Ele prometeu, certamente deve realizá-lo. Você pode consultar a Oitava Verdade da Décima Palavra quanto a este assunto.

Além disso, assim como o árabe Mohammad (Allah o abençoe e lhe dê paz), com a força de seus mil milagres, e todos os profetas e mensageiros, os santos e os justos concordaram com sua ocorrência e deram notícia de que, assim como o universo, juntamente com todos os seus sinais da criação contam a sua ocorrência.

Em Resumo: A Décima Palavra com todas as suas verdades, e a Vigésima Oitava Palavra com todas suas provas nas "Especialidades" 'em sua Segunda Estação, demonstraram com a certeza do surgimento do sol da manhã depois de definir a noite anterior que, após a configuração da vida deste mundo, o sol da verdade aparecerá mais uma vez na forma de Outra Vida.

Assim, em busca de assistência do Nome Divino do Todo-Sábio e beneficiando do esplendor do Alcorão, desde o início até aqui nossas explicações tomaram a forma de quatro "Pontos Fundamentais", a fim de preparar o coração para a aceitação, a alma para a rendição, e convencer a razão. Mas, quem somos nós que devemos falar sobre este assunto? O que diz o verdadeiro Dono deste mundo, o Criador do universo, o Mestre desses seres? Devemos ouvi-Lo. Podem os outros se atrever a interferir oficiosamente, enquanto o Proprietário deste domínio fala?

Devemos ouvir o Discurso do Pré-Eterno Criador Todo-Sábio que Ele profere dirigido a todas as fileiras daqueles de cada século sucessivo na mesquita do mundo e local de instrução, que é a terra, com milhares de decretos como:

﴿إِذَا زُلْزِلَتِ الْاَرْضُ زِلْزَالَهَا ۞ وَاَخْرَجَتِ الْاَرْضُ اَثْقَالَهَا ۞ وَقَالَ الْاِنْسَانُ مَالَهَا ۞ يَوْمَئِذٍ تُحَدِّثُ اَخْبَارَهَا ۞ بِاَنَّ رَبَّكَ اَوْحَى لَهَا ۞ يَوْمَئِذٍ يَصْدُرُ النَّاسُ اَشْتَاتًا لِيُرَوْا اَعْمَالَهُمْ ۞ فَمَنْ يَعْمَلْ مِثْقَالَ ذَرَّةٍ خَيْرًا يَرَهُ ۞ وَمَنْ يَعْمَلْ مِثْقَالَ ذَرَّةٍ شَرًّا يَرَهُ﴾[87]

o que causa o tremor da terra, e:

﴿وَبَشِّرِ الَّذِينَ آمَنُوا وَعَمِلُوا الصَّالِحَاتِ اَنَّ لَهُمْ جَنَّاتٍ تَجْرِى مِنْ تَحْتِهَا الْاَنْهَارُ كُلَّمَا رُزِقُوا مِنْهَا مِنْ ثَمَرَةٍ رِزْقًا قَالُوا هذَا الَّذِى رُزِقْنَا مِنْ قَبْلُ وَاُتُوا بِهِ مُتَشَابِهًا وَلَهُمْ فِيهَا اَزْوَاجٌ مُطَهَّرَةٌ وَهُمْ فِيهَا خَالِدُونَ﴾[88]

que enche todas as criaturas com alegria e entusiasmo. Temos de dar atenção a esses decretos do possuidor de todo Domínio, o Proprietário deste Mundo. Em seguida, devemos dizer: "Nós acreditamos nele e o afirmamos."

﴿سُبْحَانَكَ لاَ عِلْمَ لَنَا اِلاَّ مَا عَلَّمْتَنَا اِنَّكَ اَنْتَ الْعَلِيمُ الْحَكِيمُ﴾[89]

﴿رَبَّنَا لاَ تُؤَاخِذْنَا اِنْ نَسِينَا اَوْ اَخْطَاْنَا﴾[90]

اَللّٰهُمَّ صَلِّ عَلَى سَيِّدِنَا مُحَمَّدٍ وَ عَلَى آلِ سَيِّدِنَا مُحَمَّدٍ كَمَا صَلَّيْتَ عَلَى سَيِّدِنَا اِبْرَاهِيمَ وَ عَلَى آلِ سَيِّدِنَا اِبْرَاهِيمَ اِنَّكَ حَمِيدٌ مَجِيدٌ[91]

***

Sobre a Risale-i Nur, As Palavras e seu Autor

As Palavras constitui a primeira parte da Coleção da Risale-i Nur, comentário do Alcorão acima de cinco mil páginas, escritas em turco por um dos estudiosos islâmicos mais importantes deste século, Bediuzzaman Said Nursi, a fim de provar e explicar as verdades da fé aos muçulmanos contemporâneos e ao homem moderno. No ponto de vista de Bediuzzaman, em face das agressões da filosofia materialista no momento presente, a questão que tem prioridade sobre todo o resto para os muçulmanos é salvar e fortalecimento da fé. Pois é somente na crença em Deus que a verdadeira felicidade, o progresso do ser humano, e a cura das feridas causadas pelo materialismo e a desorientação estão a ser encontrados. Bediuzzaman dedicou sua vida e aprendizagem para a realização disso.

Bediuzzaman Said Nursi nasceu em 1877 no leste da Turquia e morreu em 1960 em Urfa, na Turquia. Os leitores podem referir-se para os de talhes de sua biografia de sua longa e exemplar vida, que se estendeu nas últimas décadas do Império Otomano, a seu colapso após a Primeira Guerra Mundial e a criação da República, em seguida, os vinte e cinco anos de governo republicano dos povos do partido, bem conhecido pelas medidas tomadas contra o Islam, seguido pelos dez anos de governo democrata, quando as condições se aliviaram um pouco para Bediuzzaman. Aqui vamos mencionar apenas alguns pontos que são relevantes para a Risale-i Nur que vão ajudar na compreensão das Palavras. Com este mesmo objetivo, alguns pontos gerais sobre a Risale-i Nur estão incluídos, e o método particular do Bediuzzaman, que emprega para ensinar as verdades do Alcorão.

Bediuzzaman exibia uma inteligência extraordinária e capacidade de aprender desde uma idade precoce, completando o curso normal da educação na madrasa (escola religiosa) com a idade de quatorze anos, quando ele obteve seu diploma. Tornou-se famoso tanto por sua memória prodigiosa e sua invencibilidade em debater com outros estudiosos religiosos. Outra característica que Bediuzzaman exibia desde cedo foi uma insatisfação instintiva com o sistema de ensino existente, que quando mais velho, ele formulou propostas globais para a sua reforma. O coração dessas propostas foi reunir e articular o ensino das ciências religiosas tradicionais e as ciências modernas, juntamente com a fundação de uma universidade nas províncias orientais do Império, o Medresetuz-Zahrá, onde todas as suas inúmeras propostas seriam colocadas em prática. Em 1907 seus esforços neste campo o levaram para Istambul, onde apresentou uma petição ao tribunal de Sultan Abdul-Hamid. Embora, tivesse posteriormente recebido fundos, duas vezes, para a construção de sua universidade, e seus alicerces terem sido lançados em 1913, nunca foi concluída devido à guerra e às vicissitudes dos tempos.

Ao contrário da prática de estudiosos religiosos no leste naquele tempo, Bediuzzaman estudou e dominou quase totalidade das ciências físicas e matemáticas, e mais tarde estudou filosofia, pois ele acreditava que era somente desta maneira que a teologia islâmica (Kalam) poderia ser renovada e responder com sucesso aos ataques dirigidos ao Alcorão e ao Islam.

No decorrer do tempo, as ciências físicas foram excluídas da educação da madrassa, o que contribuiu diretamente para o declínio otomano em relação ao avanço do Ocidente. Agora, no final do século 19 e início do século 20, a Europa estendeu seu domínio sobre o mundo islâmico, e nos esforços para estender esse domínio, estava atacando o Alcorão e o Islam em nome da ciência e do progresso, em particular, alegando falsamente que eles sejam incompatíveis. Dentro do Império também havia uma pequena minoria que favorecia adotar a filosofia ocidental e da civilização. Assim, todo o esforço de Bediuzzaman foi para provar e demonstrar a falsidade dessas acusações, e que longe de ser incompatível com a ciência e o progresso, o Alcorão era a fonte do verdadeiro progresso e da civilização, e, além disso, uma vez que este era o caso, o Islam iria dominar o futuro, apesar de seu declínio relativo e regressão naquele momento.

Os anos até o fim da Primeira Guerra Mundial constituíram as últimas décadas do Império Otomano e foi, nas palavras de Bediuzzaman, o período do "Velho Said". Ele se esforçou para servir a causa do Império e o Islam através ativo envolvimento na vida social e no domínio público. Na guerra, comandou as forças de milícia no Frente Caucasiano contra os russos invasores, pelo qual ele mais tarde foi premiado com uma medalha de Guerra. Para manter o moral de seus homens que ele mesmo se negou a entrar nas trincheiras apesar do bombardeio constante, e foi durante os ataques esmagadores do inimigo, que ele escreveu seu comemorado comentário do Alcorão, "Sinais da Miraculosidade", ditando para um escriba montado a cavalo. Afirmando que o Alcorão engloba as ciências que dão a conhecer o mundo físico, o comentário é um trabalho original e importante que, nas palavras de Bediuzzaman, constitui um modelo para os comentários que ele esperava ser escritos no futuro, que reuniria as ciências religiosas e modernas na forma como ele propôs. Bediuzzaman foi feito prisioneiro em março de 1916 e ficou prisioneiro na Rússia por dois anos antes de escapar no início de 1918, e voltar a Istambul via Varsóvia, Berlim e Viena.

A derrota dos otomanos viu o fim do Império e seu desmembramento, e a ocupação de Istambul e partes da Turquia por forças estrangeiras. Estes amargos anos viu também a transformação do Velho Said no Novo Said, o segundo período principal da vida de Bediuzzaman. Apesar da aclamação que ele recebeu e os serviços que atuou como membro da *Dári1-Hikmatil-Islamiya* e combater as forças de ocupação, ele passou por uma profunda mudança mental e espiritual no processo do qual virou as costas para o mundo, e percebeu a inadequação da ciência "humana" e da filosofia que ele tinha estudado como meio de alcançar a verdade, e tomou o Alcorão revelado como seu "único guia". Em reconhecimento aos seus serviços de luta pela independência, Bediuzzaman foi convidado a Ankara por Mustafa Kamal, mas à sua chegada lá, descobriu que no exato momento da vitória dos turcos e o Islam, ideias ateístas estavam sendo propagadas entre os deputados e funcionários, e muitos foram negligentes no desempenho de seus deveres religiosos. Ele publicou várias obras que combatida com sucesso isto.

Permanecendo cerca de oito meses em Ancara, Bediuzzaman entendeu o caminho que os novos líderes estavam tomando, e que, por um lado, ele não poderia trabalhar ao lado deles, e por outro não deviam ser combatidos no campo da política. Então, quando lhe foram oferecidos vários cargos e benefícios, ele os recusou e deixou Ankara para Van, onde se retirou para uma vida de adoração e contemplação; ele estava procurando a melhor maneira de proceder.

Dentro de um curto espaço de tempo, os medos de Bediuzzaman sobre o novo regime começaram a se realizar: os primeiros passos foram dados no sentido de secularização e redução do poder do Islam dentro do estado, e até mesmo sua erradicação da vida turca. No início de 1925 houve uma rebelião no leste em que Bediuzzaman não participou, mas como consequência foi enviado para o exílio na Anatólia ocidental, juntamente com muitas centenas de outros. Assim, injustamente, começaram vinte e cinco anos de exílio, prisão e opressão ilegal para Bediuzzaman. Ele foi enviado para Barla, uma pequena aldeia nas montanhas de Isparta. No entanto, a tentativa de isolá-lo e silenciar totalmente teve o efeito inverso, pois ele estava ao mesmo tempo preparado e singularmente qualificado para enfrentar o novo desafio: estes anos viu a escrita da Risale-i Nur, que silenciosamente se espalhou e se enraizou, o combate na maneira mais construtiva à filosofia da incredulidade e materialista que se esperava incutir no povo muçulmano da Turquia.

Assim, pode ser visto disso que a Risale-i Nur foi escrita para expor e explicar as verdades do Alcorão e a fé para o ser humano moderno, perplexo como ele estava sendo assaltado pela filosofia materialista, para que ele pudesse alcançar a verdadeira e certa fé que não será abalada por esses ataques. Ao explicar essas verdades, a Risale-i Nur demonstra a superioridade do Alcorão em todos os aspectos, e, embora "a fim de não causar aversão" as ideias filosóficas raramente eram abertamente declaradas, é em um aspecto uma refutação da filosofia ocidental materialista. Importa referir aqui que Bediuzzaman não era antiocidental, como tal, - na verdade, ele diferenciou entre a filosofia prejudicial e benéfica, e esperava a salvação de toda a humanidade - mas foi intransigente contra a incredulidade e o ateísmo que se opõem à religião. Naquele tempo, os que eram em sua maioria reforçados por filosofias materialistas como o positivismo e o naturalismo, que usavam a ciência para justificar suas idéias.

Como o Novo Said, Bediuzzaman tinha-se absorvido no Alcorão, em busca de uma maneira de relacionar suas verdades ao homem moderno. Em Barla em seu isolamento, ele começou a escrever tratados para explicar e provar essas verdades, pois então, ele mesmo e as verdades do Alcorão estavam sob ataque direto. A primeira delas foi sobre a ressurreição dos mortos, que em um estilo único, prova a ressurreição corporal de forma racional, onde até mesmo os maiores estudiosos anteriormente tinham confessado sua impotência. Ele descreveu o método empregado neste como sendo composto de três etapas: primeira a existência de Allah é provada e Seus Nomes e atributos; então, a ressurreição dos mortos é construída sobre estes e provada. Bediuzzaman não atribuiu estes escritos a si mesmo, mas disse que procedem do próprio Alcorão, eram "raios brilhando de [suas] verdades."

Assim, além de ser um comentário do Alcorão que expõe todos seus versículos dando as razões imediatas para a sua revelação e os significados aparentes das palavras e frases, a Risale-i Nur é o que é conhecido como um *ma'nawitafssir* ou o comentário que expõe as verdades do Alcorão, ou seja, explica e prova os versículos contendo os ensinamentos do Alcorão sobre as verdades essenciais da fé, pois há vários tipos de comentários. Os versículos principalmente expostos na Risale-i Nur são aqueles preocupados com as verdades da fé, como os Nomes Divinos e os atributos e a atividade divina no universo, a existência divina e a Unicidade, a ressurreição, a profecia, a predestinação ou o destino divino e os deveres do ser humano quanto ao culto. Bediuzzaman explica como o Alcorão fala aos seres humanos em todos os tempos, de acordo com o grau de sua compreensão e desenvolvimento; ele tem uma face que olha para cada época. A Risale-i Nur, então, explica que a face do Alcorão é que olha para esta época. Vamos agora olhar para os outros aspectos da Risale-i Nur relacionados com este ponto.

Em numerosos de seus versículos, o Alcorão convida o ser humano a observar o universo e refletir sobre a atividade divina dentro dele; seguindo apenas este método, Bediuzzaman fornece provas e explicações para as verdades da fé. Ele compara o universo a um livro, e olha para ele da maneira mostrada pelo Alcorão, ou seja, "lê-lo" para o seu significado, aprende os Nomes e os atributos divinos e outras verdades de fé. O propósito do livro é descrever seu Autor e Criador; seres tornam-se evidências e indicações para seu Criador. Assim, um elemento importante no caminho da Risale-i Nur é a reflexão ou contemplação (*tafakkur*), "lendo" o Livro do Universo, a fim de aumentar o conhecimento de Allah e obter "certas" crenças verificadas em todas as verdades de fé.

Bediuzzaman demonstra que as verdades irrefutáveis, como a Unidade Divina, concluídas desta forma são a única explicação racional e lógica do universo, e fazendo comparações com a filosofia naturalista e materialista, que usaram as descobertas da ciência sobre o universo para negar essas verdades, mostram que os conceitos sobre os quais se baseiam, como acaso e natureza, serem irracionais e logicamente absurdos.

Na verdade, longe de contradizê-los, em descobrir a ordem e o funcionamento do universo, a ciência amplia e aprofunda o conhecimento das verdades da fé. Na Risale-i Nur muitas descrições da atividade divina no universo são olhadas através dos olhos da ciência, e refletem o conhecimento de Bediuzzaman dele. A Risale-i Nur mostra que não há contradição ou conflito entre religião e ciência.

Além disso, todos esses assuntos discutidos na Risale-i Nur são definidos como argumentos razoáveis e provados acordo com a lógica. Todas as mais importantes verdades da fé são provados de forma tão clara que até mesmo os incrédulos podem ver a sua necessidade. Assim também, inspirados no Alcorão, mesmo as verdades mais profundas e inacessíveis são acessíveis por meio de comparações, que os aproximam da compreensão como telescópios, de modo que sejam facilmente compreensíveis por pessoas comuns e aquelas sem conhecimento prévio dessas questões.

Outro aspecto da Risale-i Nur relacionadas com a face do Alcorão que olha para esta época, é que ele explica tudo, desde o ponto de vista da sabedoria; isto é, como é mencionado novamente abaixo, ele explica o propósito de tudo. Ele considera as coisas do ponto de vista do Nome Divino de Onisciente.

Além disso, seguindo este método, na Risale-i Nur, Bediuzzaman resolveu muitos mistérios da religião, como a ressurreição corporal e a predestinação Divina e o livre-arbítrio do ser humano, o enigma da atividade constante no universo e o movimento de partículas, perante os quais o ser humano, confiando em seu próprio intelecto e na filosofia, tem sido impotente.

Enquanto em Barla, Bediuzzaman colocou o tratado sobre a Ressurreição e as peças que se seguiram juntos na forma de uma coleção e deu-lhes o nome de As Palavras (Sözler). As peças eram trinta e duas em número, a trigésima terceira foi adicionada mais tarde. O tratado sobre a ressurreição tornou-se a Décima Palavra. As primeiras nove são peças curtas e simples que descrevem através do uso de comparações as virtudes e os benefícios da fé e do culto - na Risale-i Nur são muitas análises e comparações de orientação e desorientação, crença e descrença, que apontam as dores graves da incredulidade e demonstra que a verdadeira felicidade do ser humano e o progresso só podem ser encontrados em reconhecimento do Proprietário do mundo e a submissão a Ele.

As Palavras que se seguem a Décima compreendem vários assuntos, todos de grande importância; entre eles são as Décima Segunda e a Décima Terceira Palavras e suas comparações entre o Alcorão e a filosofia; as explicações da Unidade Divina, a Unicidade e a proximidade de Allah de nós e a nossa distância d'Ele na Décima Sexta e Trigésima Segunda Palavra; as provas da miraculosidade do Alcorão na Vigésima Quinta Palavra, que responde em particular às críticas feitas por ateus e cientistas; a Vigésima Sexta sobre a predestinação divina e o livre-arbítrio do ser humano; a imortalidade do espírito do ser humano, os anjos e a ressurreição na Vigésima Nona Palavra; e a natureza do ego do ser humano e a transformação de partículas minúsculas na Trigésima. As Palavras foram seguidas por *Maktúbat*, As Cartas, uma coleção de trinta e três cartas de diferentes tamanhos de Bediuzzaman para seus alunos. E estas foram seguidas pelos Os Lampejos. A Coleção dos Lampejos, e a coleção dos Raios, que foram concluídas em 1949. Incluídos nestes dois últimos estão os discursos de defesa de Bediuzzaman nos processos em Eskichehir em 1935, e Afyon em 1948-9. Juntamente com estes estão três coleções de cartas, uma para cada um dos principais locais de Bediuzzaman de exílio: Barla, Kastamonu e Emirdag.

A forma como a Risale-i Nur foi escrita e divulgada foi única, como o trabalho em si. Bediuzzaman ditava apressadamente a um escriba, que escrevia a peça em questão com igual velocidade; a escrita real foi muito rápida. Bediuzzaman não tinha livros para consulta e a escrita de trabalhos religiosos foi, naturalmente proibida. Eles foram todos escritos, portanto, nas montanhas e na zona rural. Cópias manuscritas foram então feitas, estas foram copiados secretamente nas casas dos 'estudantes' da Risale-i Nur, como eram chamados, e passados de vila em vila, em seguida, de cidade em cidade, até que se espalharam por toda a Turquia. Somente em 1946 os estudantes da Risale-i Nur foram capazes de obter máquinas de duplicação, enquanto que só foi em 1956 que As Palavras e outras coleções foram impressas em máquinas modernas no novo alfabeto latino. O número indicado para cópias escritas à mão foi de 600.000.

Pode ser visto a partir do número acima como o movimento da Risale-i Nur se espalhou dentro da Turquia, apesar de todos os esforços para impedi-lo. Depois de 1950, o período que Bediuzzaman chamou de "Terceiro Said", houve um grande aumento no número de estudantes, especialmente entre os jovens e aqueles que frequentavam o sistema de ensino secular da República. Ao mesmo tempo, o número de estudantes fora da Turquia aumentou. Não é exagero dizer que, com a sua transmissão da mensagem alcorânica de uma forma que aborda e responde às necessidades do ser humano moderno, a Risale-i Nur desempenhou um papel importante em manter viva a fé islâmica na Turquia naqueles dias negros, e no ressurgimento do Islam que ocorreu posteriormente.

Sobretudo, as pessoas desta época querem respostas razoáveis para tudo; elas querem saber o "por quê?" E embora a ciência tiver aberto o universo das mínimas partículas subatómicas para as mais obscuras, atingindo as mais distantes do espaço, manteve-se impotente diante desta questão; ele foi incapaz de fornecer a resposta para a pergunta "por quê?" Considerando que, tendo sua inspiração na Revelação Divina do Alcorão, a Risale-i Nur olha para as coisas do ponto de vista da sabedoria; explica a sabedoria, os propósitos e todos os objetivos dos vários assuntos que discute. Ela aponta os fins de tudo, do universo e de todos os seres nele e todos os reinos da criação para o ser humano e sua disposição abrangente e suas funções de culto; ela responde à pergunta "por quê?" Além disso, apresenta razoáveis e satisfatórias respostas para todos os tipos de perguntas a ver com a crença, a vida, o ser humano, e a existência: partes dela ainda estão escritas em forma de pergunta e resposta. Uma das características mais importantes da Risale-i Nur é esta, responsável pelo seu sucesso sem paralelo na proteção e no fortalecimento da crença de muitas centenas de milhares, e provavelmente milhões de pessoas através do mundo. A filosofia materialista e da ciência, quando a serviço de tal filosofia, lançaram o mundo e o ser humano em um lamaçal de dúvidas sem sentido, temores e desesperanças. Ao explicar a mensagem alcorânica para o ser humano nesta idade moderna, Risale-i Nur tira o ser humano da desesperança escura, iluminando com significado tanto a si mesmo como ao mundo em que ele se encontra.

NOTAS

[1] **“Em nome de Allah, o Clemente, o Misericordioso. Contempla, pois, (ó humano) os traços da misericórdia de Allah! Como vivifica a terra, depois de esta haver sido árida! Em verdade, Este é o (Mesmo) Ressuscitador dos mortos, porque Ele é Onipotente."** (Alcorão Sagrado, 30:50.)

“Só a Ti adoramos e só de Ti imploramos ajuda” (Alcorão Sagrado, 1:5).

[2] **"Nada existe que não glorifique Seus louvores"** (Alcorão Sagrado, 17:44).

[3] **"Se não fosse por ti, se não fosse por ti, eu não teria criado os firmamentos”** Ali al-Qari, *Charh al-Chifa*, i, 16; al-' Ajluni, *Kachf al-Khafá*, ii, 164.

[4] Que as bênçãos do Clemente estejam com ele, ao ponto de tudo o que este mundo e o Paraíso conterem. Ó Allah, concede bênçãos de subvenção e paz ao Teu servo e Mensageiro, o Amado, que é o mestre de ambos os reinos, o orgulho de todos os mundos, a fonte da vida em ambas as esferas, os meios para a realização da felicidade aqui e no a seguir, aquele que voa com duas asas, que é o mensageiro para ambos, homens e gênios, a ele e a sua família, e a todos os seus companheiros, assim como aos seus irmãos, dentre os profetas e mensageiros. Amém.

[5] Bukhari, *Bad'ul-Khalq*, 8; *Tafsir al-Sura* 32, 1; *Tauhid*, 35; Musslim, *Iman*, 312.

[6] Musslim, *Janna*, 44; Tirmizi, *Jahannam*, 3; Ibn Mája, *Zuhd*, 38; *Musnad*, II, 26, 328, 334.

[7] **"Seja, e é"** (Alcorão Sagrado, 2:117).

[8] **"Contempla, pois, (ó humano) os traços da misericórdia de Allah! Como vivifica a terra, depois de esta haver sido árida! Em verdade, Este é o (Mesmo) Ressuscitador dos mortos, porque Ele é Onipotente**." (Alcorão Sagrado, 30:50).

[9] " **porque o politeísmo é a mais grave injustiça**." (Alcorão Sagrado, 31:13)

[10] Ajluni, *Kashf al-Khafa*, i, 320.

[11] "Eu acredito em Allah e no Último Dia".

[12] **"A vossa criação e ressurreição não são mais do que (o são) a de um só ser"** (Alcorão Sagrado, 31:28.)

[13] **"A Allah, aplica-se o mais sublime exemplo"** (Alcorão Sagrado, 16:60)

[14] **"Só a Allah pertence o argumento eloquen**te" (Alcorão Sagrado, 6:149)

[15] **"Contempla, pois, (ó humano) os traços da misericórdia de Allah! Como vivifica a terra, depois de esta haver sido árida! Em verdade, Este é o (Mesmo) Ressuscitador dos mortos, porque Ele é Onipotente"** (Alcorão Sagrado, 30:50)

[16] **"Quem poderá reviver os ossos, quando já estiverem decompostos? Dize: Revivê-los-á Quem os criou da primeira vez, porque é Conhecedor de todas as criações.**" (Alcorão Sagrado 36:78-79)

[17] **"Ó humanos, temei a vosso Senhor, porque a convulsão da Hora será algo terrível.**" (Alcorão Sagrado, 22:1.)

[18] **"No dia em que a presenciardes, cada nutriente esquecerá o filho que amamenta; toda gestante abortará; tu verás os homens como ébrios, embora não o estejam, porque o castigo de Allah será severíssimo.**" (Alcorão Sagrado, 22:1-2).

[19] **"Allah! Não há mais divindade além d'Ele! Ele vos congregará para o indubitável Dia da Ressurreição. Quem é mais leal do que Allah, quanto ao que diz?**" (Alcorão Sagrado, 4:87.)

[20] **"Sabei que os piedosos estarão em deleite. Por outra, os ignóbeis irão para a fogueira.**" (Alcorão Sagrado, 82:13-14)

[21] **"Quando a terra executar o seu tremor predestinado, e descarregar os seus fardos, o homem dirá: Que ocorre com ela? Nesse dia, ela declarará as suas notícias, porque o teu Senhor lhas terá revelado. Nesse dia, os homens comparecerão, em massa, para que lhes sejam mostradas as suas obras. Quem tiver feito o bem, quer seja do peso de um átomo, vê-lo-á. E quem tiver feito o mal, quer seja do peso de um átomo, vê-lo-á.**" (Alcorão Sagrado, 99:1-8)

[22] **"A calamidade! Que é a calamidade? E o que te fará entender o que é a calamidade? (Acontecerá) no dia em que os homens estiverem como mariposas dispersas, e as montanhas como lã cardada! Porém, quanto àquele cujas ações pesarem na balança, desfrutará de uma vida prazenteira. Em troca, aquele cujas ações forem leves na balança, terá como lar um (profundo) precipício. E o que é que te fará entender o que é isso? É o fogo ardente!**" (Alcorão Sagrado, 101:1-11)

[23] **"A Allah pertence o mistério dos céus e da terra. E o advento da Hora não durará mais do que um pestanejar de olhos, ou fração menor ainda; sabei que Allah é Onipotente."** (Alcorão Sagrado, 16:77)

[24] *Eu acredito em Allah, em Seus anjos, em Seus livros, em Seus mensageiros e no Dia do Juízo. Acredito que o bem e o mal da predestinação provêm de Allah Todo-Poderoso, que a ressurreição após a morte é uma realidade, que o Paraíso é uma realidade, que o fogo do Inferno é uma realidade, que a intercessão é uma realidade, que Munkar e Nakir são realidade; e que Allah ressuscitará aqueles que estão nos sepulcros. Eu testemunho que não há outra divindade além de Allah, e testemunho que Mohammad é o Mensageiro de Allah.*

Ó Allah, concede bênçãos para o mais delicado, o mais nobre, o mais perfeito, o mais belo fruto da Tuba de sua misericórdia, a quem Tu enviaste como misericórdia para todas as criaturas, e como um meio para atingirmos o mais belo, mais imaculado, mais puro e mais exaltado dos frutos daquela Tuba, cujos ramos são desdobrados em relação ao futuro e o Paraíso; ó Allah, proteja-nos e a nossos pais contra o fogo, e faz com que nós e nossos pais ingressemos no Paraíso com os piedosos, por causa do Teu Profeta escolhido. Amém.

[25] "**Glorificado seja, pois, Allah, quando anoitece e quando amanhece! Seus são os louvores, nos céus e na terra, tanto na hora do poente como ao meio-dia. Ele extrai o vivo do morto, e o morto do vivo; e vivifica a terra, depois de haver sido árida. E assim sereis ressuscitados! Entre os Seus sinais está o de haver-vos criado do pó; e eis que, sois seres que se espalham (pelo globo). Entre os Seus sinais está o de haver-vos criado companheiras da vossa mesma espécie, para que com elas convivais; e colocou amor e piedade entre vós. Por certo que nisto há sinais para os sensatos. E entre os Seus sinais está a criação dos céus e da terra, as variedades dos vossos idiomas e das vossas cores. Em verdade, nisto há sinais para os que refletem. E entre os Seus sinais está o do vosso dormir durante a noite e, durante o dia, o de procurardes a Sua graça. Certamente, nisto há sinais para os que escutam. E entre os Seus sinais está o de mostrar-vos o relâmpago, provocando temor e esperança, e o de fazer descer a água dos céus, com a qual vivifica a terra depois de haver sido árida. Sabei que nisto há sinais para os sensatos. E entre os Seus sinais está o fato de os céus e a terra se manterem sob o Seu Comando, e, quando vos chamar, uma só vez, eis que saireis da terra. E Seus são todos aqueles que estão nos céus e na terra; tudo Lhe obedece. Ele é Quem origina a criação, logo a reproduz, porque isso Lhe é fácil. Seu é o mais elevado exemplo, nos céus e na terra, e Ele é o Poderoso, o Prudentíssimo.**" (Alcorão Sagrado, 30:17-27)

[26] "**Em nome de Allah, o Clemente, o Misericordioso.**"

[27] "**Contempla, pois, (ó humano) os traços da misericórdia de Allah! Como vivifica a terra, depois de esta haver sido árida! Em verdade, Este é o (Mesmo) Ressuscitador dos mortos, porque Ele é Onipotente**" (Alcorão Sagrado, 30:50)

[28] "e em seus Profetas"

[29] "e nas suas Escrituras"

[30] "**Quando o sol for enrolado.**" (Alcorão Sagrado, 81:1)

[31] "**Ó humanos, temei a vosso Senhor, porque a convulsão da Hora será algo terrível.**" (Alcorão Sagrado, 22:1)

[32] "**Quando a terra executar o seu tremor predestinado.**" (Alcorão Sagrado, 99:1)

[33] "**Quando o céu se despedaçar,**" (Alcorão Sagrado, 82:1)

[34] "**Quando o céu se fender.**" (Alcorão Sagrado, 84:1)

---

[35] "**Acerca de quê se interrogam**?" (Alcorão Sagrado, 78:1)

[36] "**Porventura, chegou-te a notícia do evento assolador**?" (Alcorão Sagrado, 78:1)

[37] "crença no Dia do Juízo."

[38] Senhor dos Céus e da Terra

[39] "e nos anjos, e na predestinação, que tanto o bem como o mal são de Allah Todo-Poderoso",

[40] "**Glorificai, pois, a Allah, quando anoitece e quando amanhece! Seus são os louvores, nos céus e na terra, tanto na hora do poente como ao meio-dia. Ele extrai o vivo do morto, e o morto do vivo; e vivifica a terra, depois de haver sido árida. E assim sereis ressuscitados**!" (Alcorão Sagrado, 30:17-19)

[41] "**Foi só um estrondo,**." (Alcorão Sagrado, 36:29, 4, 53; 38:15, 54:31)

[42] "**E o advento da Hora não durará mais do que um pestanejar de olhos**" (Alcorão Sagrado, 16:77)

[43] "**Sim! testemunhamo-lo**!"

[44] "**Não é verdade que sou o vosso Senhor**?" (Alcorão Sagrado, 7:172)

[45] "**E o advento da Hora não durará mais do que um pestanejar de olhos**" (Alcorão Sagrado, 16:77)

[46] "**Quem poderá reviver os ossos, quando já estiverem decompostos? Dize: Revivê-los-á Quem os criou da primeira vez, porque é Conhecedor de todas as criações**." (Alcorão Sagrado, 36:78-79)

[47] "**Seja!, e é**" (Alcorão Sagrado, 2:117).

[48] "**Acaso, não sabe o homem que o temos criado de uma gota de esperma? Contudo, ei-lo um oponente declarado**!" (Alcorão Sagrado, 36:77)

[49] "**Ele vos propiciou fazerdes fogo de árvores secas, que vós usais como lenha**" (Alcorão Sagrado, 36:80)

[50] "**Seja!, e é**" (Alcorão Sagrado, 2:117)

[51] "**Quem poderá reviver os ossos**?" (Alcorão Sagrado, 36:78)

[52] "**Glorificado seja, pois, Aquele em Cujas Mãos está o domínio de todas as coisas**" (Alcorão Sagrado, 36:83)

[53] "**E a Ele retornareis**! "(Alcorão Sagrado, 10:56)

[54] "**Quando o sol for enrolado**," (Alcorão Sagrado, 81:1)

[55] "**Quando o céu se despedaçar**." (Alcorão Sagrado, 82:1)

[56] "**Quando o céu se fender**." (Alcorão Sagrado, 84:1)

[57] "**Quando as páginas forem abertas**," (Alcorão Sagrado, 81:10)

[58] *Musnad*, v, 266; Tabrizi, *Michkat al-Massabih*, iii, 122; Ibn al-Qayim al-Jawzi, *Zad al-Ma'ad* (*Tahqiq*: al- Arnawut), i, 43-4.

[59] **"Seja!, e é"** (Alcorão Sagrado, 2:117)

[60] "Ressurreição depois da morte",

[61] "Louvado seja Allah pela perfeição da crença"

[62] Musslim, *Imara*, 121; Tirmizi, *Tafsir Sura Al-i 'Imran*, 19; *Fada'il al-Jihad*, 13; Ibn Mája, *Jana'iz*, 4; Dárimi, *Jihad*, 18; *Musnad*, i, 266; vi, 386.

[63] **"portas abertas!"** (Alcorão Sagrado, 38:50).

[64] **"Pelos ventos enviados, uns após os outros, que sopram impetuosamente, e dispersam (as coisas) violentamente; e as separam umas das outras, e disseminam uma Mensagem.**" (Alcorão Sagrado, 77: 1-5)

[65] **"Pelos (anjos) que arrebatam violentamente (as almas dos corruptos), pelos que extraem gentilmente (as almas dos abençoados); pelos que se movimentam (na disseminação da misericórdia); então, precipitam-se, como numa corrida, que são arranjadores (para a execução) das ordens (do seu Senhor)**!" (Alcorão Sagrado, 79: 1-5)

[66] **"Os adeptos do Livro não se dividiram, senão depois de lhes ter chegado a Evidência**" (Alcorão Sagrado, 97: 4)

[67] **"...e que é guardado por anjos inflexíveis e severos, que jamais desobedecem às ordens que recebem de Allah, mas executam tudo quanto lhes é ordenado.**" (Alcorão Sagrado, 66: 6)

[68] **"Glorificado seja! Qual! São apenas servos veneráveis (esses a quem chamam de filhos), que jamais se antecipam a Ele no falar, e que agem sob o Seu comando**".(Alcorão Sagrado, 21: 26-27)

[69] **"Dize: Foi-me revelado que um grupo de gênios escutou (a recitação do Alcorão).**" (Alcorão Sagrado, 72: 1)

[70] **"Em verdade, ouvimos um Alcorão admirável, Que guia à verdade, pelo que nele cremos, e jamais atribuiremos parceiro algum ao nosso Senhor;**" (Alcorão Sagrado, 72: 1-2)

[71] **"Dize-lhes: O Espírito é um dos comandos do meu Senhor.**" (Alcorão Sagrado, 17:85)

[72] **"Sendo que Ele vos criou gradativamente.**" (Alcorão Sagrado, 36:79)

[73] **"Revivê-los-á Quem os criou da primeira vez?**" (Alcorão Sagrado, 71:14)

[74] **"Porque o teu Senhor não é injusto para com os Seus servos**" (Alcorão Sagrado, 41:46)

[75] Tawfik, primeiro aluno de Badiuzzmana em Barla.

[76] **"Dize: Revivê-los-á Quem os criou da primeira vez**" (Alcorão Sagrado, 36:79)

[77] **"Ele é Quem origina a criação, logo a reproduz, porque isso Lhe é fácil.**" (Alcorão Sagrado, 30:27)

[78] "a raiz da cauda" (cóccix)

[79] Bukhari, *Tafsir Surat al-Zumar*, 3; *Tafsir Surat al-Nabi*, 1; Musslim, *Fitan*, 141-3

[80] **"Porque o teu Senhor não é injusto para com os Seus servos"** (Alcorão Sagrado, 41:46)

[81] "**A vossa criação e ressurreição não são mais do que (o são) a de um só ser**" (Alcorão Sagrado, 31:28)

[82] "**A vossa criação e ressurreição não são mais do que (o são) a de um só ser**" (Alcorão Sagrado, 31:28)

[83] "**Quando o sol for enrolado. Quando as estrelas perderem seus brilhos, quando as montanhas estiverem dispersas, quando as fêmeas de camelos, com crias de dez meses, forem abandonadas, quando as feras forem congregadas, quando os mares transbordarem,**" (Alcorão Sagrado, 81: 1-6)

[84] "**No dia em que a terra for trocada por outra (coisa) que não seja terra**" (Alcorão Sagrado, 14:48)

[85] "**E vós, ó pecadores, afastai-vos, agora, dos crentes**" (Alcorão Sagrado, 36:59)

[86] "**Que a paz esteja convosco! Quão excelente é o que fizestes! Adentrai, pois! Aqui permanecereis eternamente**."(Alcorão Sagrado, 39:73)

[87] "**Quando a terra executar o seu tremor predestinado, e descarregar os seus fardos, o homem dirá: Que ocorre com ela? Porque o teu Senhor lhas terá revelado. Nesse dia, os homens comparecerão, em massa, para que lhes sejam mostradas as suas obras. Quem tiver feito o bem, quer seja do peso de um átomo, vê-lo-á. E quem tiver feito o mal, quer seja do peso de um átomo, vê-lo-á** (Alcorão Sagrado, 99: 1-8)

[88] "**Anuncia (ó Mohammad) aos crentes que praticam o bem, que obterão jardins abaixo dos quais correm os rios. Toda vez que forem agraciados com os seus frutos, dirão: Eis aqui o que nos fora concedido antes! Porém, só o serão (os frutos) na aparência. Ali terão pares imaculados e ali morarão eternamente**" (Alcorão Sagrado, 02:25)

[89] "**Glorificado sejas! Não possuímos mais conhecimento além do que Tu nos proporcionaste, porque somente Tu és Prudente, Sapientíssimo**."(Alcorão Sagrado, 02:32)

[90] "**Ó Senhor nosso, não nos condenes, se nos esquecermos de ou nos equivocarmos**!" (Alcorão Sagrado, 2: 286)

[91] Ó Allah, concede bênçãos ao nosso mestre Mohammad, e à família do nosso mestre Mohammad, como concedeste bênçãos ao nosso mestre Abraão e à família do nosso mestre Abraão; na verdade, todo o louvor e todo esplendor são Teus.